未登记房地产现状与价格评估

吴桂敏◎著

燕山大学出版社
·秦皇岛·

图书在版编目（CIP）数据

未登记房地产现状与价格评估 / 吴桂敏著. —秦皇岛：燕山大学出版社，2023.10
ISBN 978-7-5761-0251-2

Ⅰ ①未… Ⅱ. ①吴… Ⅲ. ①房地产价格—研究—中国 Ⅳ. ①F299.233.5

中国国家版本馆 CIP 数据核字（2023）第 182940 号

未登记房地产现状与价格评估

WEI DENGJI FANGDICHAN XIANZHUANG YU JIAGE PINGGU

吴桂敏 著

出 版 人：陈 玉
责任编辑：孙志强 **策划编辑**：孙志强
责任印制：吴 波 **封面设计**：刘馨泽
出版发行：燕山大学出版社 YANSHAN UNIVERSITY PRESS **电 话**：0335-8387555
地 址：河北省秦皇岛市河北大街西段 438 号 **邮政编码**：066004
印 刷：涿州市般润文化传播有限公司 **经 销**：全国新华书店

开 本：710mm×1000mm 1/16 **印 张**：13.75
版 次：2023 年 10 月第 1 版 **印 次**：2023 年 10 月第 1 次印刷
书 号：ISBN 978-7-5761-0251-2 **字 数**：210 千字
定 价：55.00 元

前　言

随着我国房地产市场的不断发展完善，已登记房地产，即在房地产行政主管部门进行过登记并依法确认过权利关系的房地产，得到了社会各界的持续关注和研究，但是与之对应的未登记房地产，即未能、未获得产权登记的房地产，虽在经济社会活动中占据着重要地位，但对其深层次的研究和价值评估工作依然缺乏。

未登记房地产在城市生产生活的方方面面扮演着重要角色。大量的城中村、小产权房、军产房等为城市的低收入群体提供了相对廉价的住所，批发市场、汽车 4S 店、工业园区等商业类、办公类、工业类未登记房地产为城市的经济发展贡献力量，更多的教育设施、医疗卫生等公共设施类未登记房地产为城市的运转提供了保障。未登记房地产的管理现状说明需要推进不动产统一登记步伐，加快处理历史遗留的大量未登记房地产，通过综合整治、分类处理等手段来消化、治理，使未登记房地产走上健康发展的道路。

2021 年 10 月第十三届全国人民代表大会常务委员会第三十一次会议决定授权国务院在部分地区开展房地产税改革试点工作，受新型冠状病毒疫情和房地产市场发展形势的影响，房地产税改革试点工作基本处于停滞状态。但是随着收入分配制度改革和解决土地财政依赖的需要，从长期来看，房地产税改革试点势在必行。房地产税的核心是要解决怎么征、向谁征、征多少这三个问题，通过对未登记房地产的现状进行分析研究，摸清未登记房地产的运行规律，开展基于市场价值的未登记房地产评估，可以为房地产税试点实施提供参考依据，拓展房地产税税源，调节社会公平。从未登记房地产的治理角度来看，合法化是一个必然的过程，尊重历史，分类处理未登记房地产是城市治理、人民希望的必然选择，通过对未登记房地产的现状和价值研究，有针对性地开展房地产税税制设计及价值重构，例如对不同类型、属性、违法程度的未登记房地产实行差别税率或税收优惠，则可以形成利益选择下的良性互动，有利于实现未登记房地产的分类治理，助推未登记房地产问题的彻底解决。

未登记房地产本身是一种客观存在的不动产，伴随着大量经济活动，租赁、交易、抵押、作价等，这些活动都有开展未登记房地产市场客观价值评估的需求。同时，在未登记房地产的未来路径中，无论是消亡（包括拆除、到期收回土地）还是转正（完善手续取得权利证书、旧改、土地准备等），以深圳的实践来看，在违法建筑的拆除、没收和罚款方面，在未登记房地产的拆迁改造补偿方面，在涉及未登记房地产的经济纠纷案件方面，都有未登记房地产市场客观价值评估的需求，这些都说明开展未登记房地产现状研究和价值研究是必要且迫切的。

本书共分九章，第一章主要是定义未登记房地产和未登记房地产评估，对未登记房地产评估的特点和意义进行归纳总结；第二章就未登记房地产在实践中的主要类型进行阐述，分别从管理政策、存在问题、交易情况等进行分析；第三章对未登记房地产的销售市场、租赁市场、居住人口、产业使用四个方面的现状特点进行分析；第四章介绍了房地产评估依据的理论体系和评估技术；第五章对涉及房地产的主要评估方法进行了介绍；第六章依据未登记房地产的特点构建了可行的评估体系；第七章以深圳为例实证评估了未登记房地产，包括从数据库建设到各类用途房屋的评估集合划分、比价关系构建、标准楼栋评估、批量评估、结果检验等全部评估流程；第八章介绍了如何构建未登记房地产批量评估信息平台；第九章为结论与展望。

在书稿付梓之际，要特别感谢深圳市自然资源和不动产评估发展研究中心宁智和章芳林两位同事的支持和帮助；在本书的撰写过程中，参阅了大量相关文献和工作成果，在此也对各位相关作者一并表示感谢。

作者

2023 年 2 月 16 日

目　　录

第一章　绪　　论

一、未登记房地产的含义

中国现代房地产的历史始于改革开放，1978 年理论界提出了住房商品化、土地产权等观点。1980 年，改革开放的总设计师邓小平同志提出住房改革要走商品化的道路。同年 9 月，北京市住房统建办公室率先挂牌，成立了北京市城市开发总公司，拉开了房地产综合开发的序幕。1982 年，国家有关部门设计了“三三制”的补贴出售新建住房方案，并且在郑州、常州、四平、沙市四个城市进行售房试点。1984 年，广东、重庆开始征收土地使用费。1987—1991 年是中国房地产市场的起步阶段。1987 年 11 月 26 日，深圳市政府首次公开招标出让住房用地，这是新中国进行的第一次土地拍卖，中国土地正式开始以招拍挂的方式出让；这块地一年以后建成了“东晓花园”，并在内地第一次以按揭贷款的方式出售，不到 1 个小时就售卖一空。1990 年，上海市房改方案出台，开始建立住房公积金制度。1991 年开始，国务院先后批复了 24 个省市的房改总体方案。1992 年，邓小平第二次南行，社会主义市场经济体制开始建立，房地产开始迅猛发展。1992 年房改全面启动，住房公积金制度全面推行。1992 年以后，房地产业急剧快速增长，月投资最高增幅曾高达 146.9%。1993 年，“安居工程”开始启动。房地产市场在局部地区一度呈现混乱局面，在个别地区出现较为明显的房地产泡沫。1993 年年底，宏观经济调控后，房地产业投资增长率普遍大幅回落。随着住房制度改革不断深化和居民收入水平的提高，住房成为新的消费热点。1998 年以后，随着住房实物分配制度的取消和按揭政策的实施，房地产投资进入平稳快速发展时期，房地产业成为中国经济的支柱产业之一。2003 年以来，房屋价格持续上扬，大部分城市房屋销售价格上涨明显，房地产市场进入同期性反复调控阶段。

伴随着房地产市场的发展，不动产登记制度也逐步得到完善和发展。改革开放后，以土地登记、房屋登记为主体的不动产登记逐渐恢复，建立起由各类不动产主管部门负责、分散登记的制度。1979 年 7 月 1 日，《中外合资经营企业法》颁布实施，以场地使用权有偿使用拉开了土地使用制度改革的序幕，第一次凸显出土地的财产价值，客观上对土地确权和登记提出需求。1982 年，深圳颁布《深圳经济特区土地管理暂行规定》，明确用地申请核准并缴纳土地使用费后，“定点划线，发给《土地使用证书》”。1986 年以后，《土地管理法》《城市房地产管理法》等法律明确规定“国务院土地管理部门主管全国土地的统一管理工作”“国家实行土地使用权和房屋所有权登记发证制度”。此后，土地、房屋、林地、草原、海洋等行政主管部门相继开展土地登记、房屋登记、林地登记、草原登记、海域登记等各类不动产登记工作。2007 年颁布实施的《物权法》规定“国家对不动产实行统一登记制度”。2014 年 11 月，国务院颁布《不动产登记暂行条例》。2016 年，《不动产登记暂行条例实施细则》公布实施，《不动产登记操作规范（试行）》《不动产登记数据库标准》《不动产登记权籍调查技术方案》等 40 多个配套文件也相继出台，建立起以《物权法》为统领，以《不动产登记暂行条例》为核心，以实施细则、操作规范等法规、规章和规范性文件为配套的不动产登记制度体系，统一了登记依据和簿册证书，为规范登记行为，增强不动产统一登记的严肃性、权威性和公信力提供了重要保障。由此，产生了“已登记房地产”和“未登记房地产”两个概念。

已登记房地产即为在房地产行政主管部门进行过登记并依法确认过房屋、土地产权归属关系的房地产。与之相对的是未登记房地产，即未按照房地产登记管理制度进行登记的房地产，包括违法的房地产和合法未登记的房地产两个大类。违法的房地产主要是指违反了《土地管理法》和《城乡规划法》规定，在未经规划土地主管部门批准、未取得建设工程规划许可证或临时建设工程规划许可证的情况下，擅自建设的建筑物和构筑物，如小产权房、违法建筑等；合法未登记的房地产主要是指取得了一定的用地手续或建筑物进行了部分报批但未能取得完整土地和建筑物手续的房地产，如军产房、公司福利房等。

未登记房地产如果从是否有颁发产权证来区分，似乎可以称之为“小产权房”，但是一般概念上的小产权房指的是建设在集体土地上的房屋，包括村民宅基地上的自建房和村集体统一在集体土地上修建的房屋，因此并不准确。一般认为未登记房地产的概念要比“小产权房”大，而且要大得多，只要是未经登记的房地产都算，它包括了“军产房”，也就是部队的房产，有可能在军事用地上，也有可能在国有土地上；包括了大部分未进行登记的政府物业，包括各级政府部门、机关事业单位等的办公用房、宿舍等；包括了企业、学校等曾经分配给职工但未办理房地产登记的福利房等；还包括了政府投资的政策性住房、公共设施建筑；等等。

从用途上来看，未登记房地产涵盖了住宅、商业、办公、工业、公用设施等各种用途。从类型上来看，未登记房地产主要包括违法建筑、小产权房、军产房、保障房、政府及企事业单位用房、文体设施用房等特殊物业。深圳市曾以建筑物普查数据为基础，在扣减已登记房地产后发现，未登记房地产种类繁多，大致可以分为居住类，如村民私宅、工业配套宿舍等；商服类，如办公用房、加油站、高尔夫物业等；工业类，如厂房、仓库、水产养殖物业等；公共管理服务类，如学校、医院、殡葬场所等；基础设施类，如交通场站、变电站、污水处理厂等；配套类，如门房、配电房等；其他类，如宗祠、寺庙、教堂等。

从数量上看，虽然没有准确的数据，但全国未登记房地产的数量应该非常大。在小产权房方面，据全国工商联房地产商会统计，1995—2010 年间全国小产权房竣工建筑面积累计达到 7.6 亿平方米，北京市的小产权房面积占到所有住房面积的 20%，深圳市的小产权房占到总建筑面积的 50%。以深圳为例，据媒体报道，截至 2011 年年底，深圳小产权房违法建筑达到 37.94 万栋，建筑面积高达 4.05 亿平方米，是深圳市总建筑面积的 49.27%。近年来深圳严格控制新增违法建筑，同时通过城市更新、土地整备、拆除违建等手段减少了不少违法建筑，但不管怎样，整个“小产权房”的绝对数量还是相当大的（深圳因全域已完成城市化转地，一般认为不存在有小产权房，这里是借指）。

小产权房的数量已如此之多，如果再加上其他类型的未登记房地产，单以住宅类来统计，未登记的住宅类很有可能会和已登记的商品房相当，甚至更多。

二、未登记房地产评估的概念及特点

关于房地产评估，在《房地产估价规范》（GB/T 50291—1999）中有相关定义：房地产估价（房地产评估）是指专业估价人员根据估价目的，遵循估价原则，按照估价程序，选用适宜的估价方法，并在综合分析影响房地产价格因素的基础上，对房地产在估价时点的客观合理价格或价值进行估算和判定的活动。在“百度百科”上解释得更详细一些：房地产估价全称房地产价格评估，就是对房地产进行估价，由持有《房地产估价人员岗位合格证书》或《房地产估价师注册证》的专业人员，根据估价目的，遵循估价原则，按照估价程序，运用估价方法，在综合分析影响房地产价格因素的基础上，结合估价经验及对影响房地产价格因素的分析，对房地产的特定权益，在特定时间最可能实现的合理价格所作出的估计、推测与判断。它实质上不是估价人员的定价，而是模拟市场价格形成过程将房地产价格显现出来，它具有专业性、技术性、复杂性，是科学、艺术和经验三者的结合。在《城镇土地估价规程》（GB/T 18508—2014）中对土地评估也是类似的定义：“土地估价是土地估价师根据估价目的和待估土地状况，遵循估价原则，按照一定的估价程序，在全面调查和综合分析影响地价因素的基础上，选用适宜的估价方法，对待估土地在估价期日的价格进行估算和判定的行为。”综合来看，房地产或土地评估定义里有几个关键内容，一是由专业人员实施估价，二是会有一定的原则、程序、方法要求，三是有特定的估价对象，四是在对影响价值的因素分析后有一个价值（价格）的判定。

参照房地产（土地）评估的定义，未登记房地产评估可以定义为：由专业估价人员根据估价目的，遵循估价原则，按照估价程序，选用适宜的估价方法，并在综合分析影响未登记房地产价格因素的基础上，对未登记房地产在估价时点的客观合理价格或价值进行估算和判定。其最主要的不同，就是估价对象的不同。未登记房地产评估的价值定义就是在考虑权利瑕疵的状态下于价值时点现状使用条件下的市场价值。

权利瑕疵是未登记房地产评估的最大特点。未登记房地产与普通评估对象的最大区别就是“未登记”，主要体现在“实体权利上有欠缺”或“取得权利的相关手续上有欠缺”这两种情形。实体权利上有欠缺主要是指“纯粹的”违法建筑、临时房屋等，但要注意，有些房地产表面上看是“纯粹的”违法建筑，但是却存在一定的历史遗留问题，如当年鼓励“三来一补”兴建的集体物业，在祖屋地基上新建扩建的房屋，等等；取得权利的相关手续上有欠缺比较好理解，主要是指缺乏不动产权利证书的房地产或建设审批手续不齐全的房地产，等等。权利瑕疵在市场价值确定时是要重点考虑的因素，通常情况下要考虑权利瑕疵的程度，即合法化的可能性和合法化发生费用估算。

未登记房地产评估的第二个特点是房地产基础信息不完善。个案未登记房地产可以通过测绘等方法确定，批量评估时未登记房地产的基础信息就比较难以确定，特别是未进行建筑物普查的地区，需要进行大量的基础调查，这些原始数据调查包括未登记房地产的名称、面积、楼层、四至、朝向、户型、物业管理、设备配备等，具有不透明、难采集、体量大、变化快等特点，因此必须建立一套行之有效的信息采集方法。

未登记房地产评估的第三个特点是交易价格信息难以获取。不同于合法已登记房地产具有完善的房地产价格管理机制和市场交易渠道，未登记房地产的价格信息具有隐秘、零散、真实性难以确认等特点。未登记房地产的租赁价格信息相对容易获取，市场交易相对活跃，监管力度较小；未登记房地产的交易价格信息呈现“地下黑市”的特点，稍一高调就可能迎来行政执法部门的调查，大批量获取的可能性很小，主要依靠大量的市场调查，但同样难度很大，需要花费大量的资金和时间成本。

三、未登记房地产评估的意义

未登记房地产体量巨大，深度参与城市的经济社会活动。以未登记房地产的住宅类为例，私房（农民房）、小产权房、军产房、工业宿舍等为进入城市工作的人群提供了大量低价、方便的住所。2020 年 7 月，《南方日报》在关于深圳城中村的报道《特区里的文明新村和幸福家园——深圳1547个城中村上演三年“变形记”》中说“居住在城中村内的人口超过1200万人，约占全市实有人口的60%”。同样，未登记房地产还提供了大量的工商物业，除政府用房外，以相对低廉的价格提供了工业用房、办公用房、批发市场等。大量的未登记房地产深度参与了城市经济的方方面面，在这个过程中必然伴随着大量经济活动——租赁、交易、抵押、作价等，因此，价格评估有着现实的需要。

未登记房地产的未来无非消亡（包括拆除、到期收回土地）和转正（完善手续取得权利证书、旧改、土地整备、城市更新等），但是不管是在理论界还是实践中，都存在巨大的争议。例如在2014年，北京大学周其仁教授和东南大学华生教授爆发“周华之争”，其中关于土地制度改革、小产权房、土地增值收益归属等的争论影响深远，也部分影响了中国改革的决策。在实践操作中，对于存在历史遗留问题或仅仅是手续不完备等情形的，大部分城市还是在积极寻求“转正”之路，对于确实是“纯粹的”违法建筑，住建部门也是三令五申地要求拆除，但因其牵扯到的利益巨大，往往雷声大雨点小，实际效果微弱。以深圳的实践来看，“转正”过程中未登记房地产评估正方兴未艾，诸如城市更新、土地整备等项目实施过程，未登记房地产的评估赔偿问题都是其中的重中之重。

随着房地产税制改革的推进，国家先后在上海、重庆开展了试点工作。同时，财政部、国家税务总局等相关部门陆续出台了一系列相关政策法规，如《关于推进应用房地产评估技术加强存量房交易税收征管工作的通知》（财税〔2010〕105号）、《关于推广应用房地产估价技术加强存量房交易税收征管工作的通知》（财税〔2011〕61号）等，其要求建立房屋交易最低计税价格管理制度，并要求在全国范围内开展应用房地产评税技术核定交易环节计税价格工作，以在切实加强房屋交易计税价格管理的基础上，充分发挥房地产税收的调节分配功能，全面规范房地产市场交易行为。2021年10月，第十三届全国人民代表大会常务委员会第三十一次会议通过了《全国人民代表大会常务委员会关于授权国务院在部分地区开展房地产税改革试点工作的决定》（以下简称《决定》），指出房地产税开征的目的是“引导住房合理消费和土地资源节约集约利用，促进房地产市场平稳健康发展”。同时《决定》中还对征税对象和纳税人进行了明确，试点地区的房地产税征税对象为居住用和非居住用等各类房地产，不包括依法拥有的农村宅基地及其上住宅；土地使用权人、房屋所有权人为房地产税的纳税人。另外，《决定》中对非居住用房地产继续按照《中华人民共和国房产税暂行条例》《中华人民共和国城镇土地使用税暂行条例》执行房地产税。在政策制定分工方面，《决定》是由国务院制定房地产税试点具体办法，试点地区人民政府制定具体实施细则。房地产税开征的脚步越来越近，对于小产权房、员工福利房、军产房等住宅类未登记房地产而言，房地产税的开征首先要解决怎么征、向谁征、征多少的问题，这也是探讨未登记房地产评估的意义所在。

第二章　未登记房地产的类型

未登记房地产的分类方式多种多样，按房屋用途可分为住宅、商业、办公、工业、其他等类型；从土地用途来分，可分为集体土地上未登记房地产和国有土地上未登记房地产；从产权手续来分，可以分为完全无手续的违法建筑、手续不完备的未登记房地产和手续完备但未进行登记的房地产（合法未登记房地产）等。以市场上常见的种类来看，主要有违法建筑、政府物业、公共设施、小产权房、福利房、军产房等。

一、违法建筑

在我国相关的法律法规中，并没有明确定义何谓违法建筑（违章建筑），严格从文义解释，违反法律规定而建造的建筑物、构筑物都可称为违法建筑，法律规定包括全国人大及其常委会制定的法律、行政法规、部门规章、地方性法规，涉及内容包括规划报建、土地管理、建筑设计施工、室内外装修、消防、规划、环保管理、文物保护、交通运输等多方面，范围很广。但从现行法律规定看，“违法建筑”大多情况下不是泛指所有违反法律规定的建筑，而是特指违反《土地管理法》《城乡规划法》等建设项目规划、审批手续而建造的建筑物、构筑物，如未经规划许可建设的房屋、超期临时建筑等。

在 2019 年深圳市发布的《深圳市人民代表大会常务委员会关于坚决查处违法建筑的决定》中定义了违法建筑，并对具体种类进行了归纳：违法建筑是指未经规划和自然资源部门批准，未领取建设工程规划许可证或者临时建设工程许可证，擅自建筑的建筑物和构筑物。违法建筑包括：（一）占用已规划为公共场所、公共设施用地或者公共绿化用地的建筑；（二）不按照批准的设计图纸施工的建筑；（三）擅自改建、加建的建筑；（四）原农村经济组织的非农业用地或者原村民自用宅基地非法转让兴建的建筑；特区内城市化的居民委员会或者股份合作公司的非农业用地非法转让兴建的建筑；（五）原农村经济组织的非农业用地或者原村民自用宅基地违反城市规划或者超过市人民政府规定标准的建筑；（六）擅自改变工业厂房、住宅和其他建筑物使用功能的建筑；（七）逾期未拆除的临时建筑；（八）违反法律、法规有关规定的其他建筑。

违法建筑的概念比较宽泛，其形成源于违法建设行为，违法建设行为主要有以下三类：第一，发生在未建设用地（空地）上的违法建筑行为；第二，发生在已建成建筑物上的违法扩建（加建）、改建行为；第三，发生在已建成建筑物上的违法拆除重建行为，因此违法建筑“发生”在各类土地、房屋之上，有各种形态表现，包括城中村（农民房、私宅）、统建楼、集资楼、小产权房、军产房等，很多时候概念之间会混淆，但是独立出来做一个违法类型，是由于其他种类难以准确、完整地表述，其可能是住宅用途，也可能是工业商业办公用途，或许是框架砼结构的，也或许是钢架铁皮房，等等。由于其复杂性，加上历史遗留问题比较多，违法建筑自身就可能存在很多种类，在有些城市会将一些建筑物纳入违法建筑管理范畴，但是同样类型的建筑物在其他一些城市却不称之为违法建筑。以深圳为例，深圳对违法建筑的定义明显大于大部分城市相关定义的范畴，例如城中村这一主要违法建筑类型，在其他很多城市并不列入违法建筑范畴，但在深圳将未完善手续的都纳入了违法建筑的概念中。因此，从纯数据来看，深圳的违法建筑数据庞大，高峰期甚至一度达到城市建筑总量的一半以上（2015 年前后），其中，城中村又占违法建筑总量的一半。

二、政府物业

未登记房地产中政府物业的范围比较广泛，包括党政机关事业单位占有、使用（含在建、停工项目）的建筑物、构筑物、土地等不动产。主要包括：

办公用房、技术业务用房、科研用房、公寓周转用房、未出售的公有住房、闲置房产、文化类房产、体育类房产、医疗类房产、商铺门面仓储等经营性用房和构筑物，以及宾馆饭店、培训中心、疗养院等公共场所用房；公共管理与公共服务用地、商业服务用地、居住用地、仓储用地、工矿用地、特殊用地、留白用地、农业设施建设用地、交通运输用地、公共设施用地、绿地与开敞空间用地、耕地、园地、林地、草地、湿地等各类用地。

党的十八大以来，党政机关办公用房管理工作的形势要求发生变化，管理要求上，从侧重保障供给转变为加强管理为主；管理方法上，由粗放管理向精细管理转变；管理手段上，从单一行政手段转变为行政管理、契约化管理等多种管理手段相结合。针对长期以来党政机关和事业单位通过划拨土地建设办公用房，没有开展过产权登记的情况，2017 年 12 月，中共中央办公厅国务院办公厅印发了《党政机关办公用房管理办法》，明确提出了“党政机关办公用房的房屋所有权、土地使用权等不动产权利（以下统称办公用房权属），统一登记至本级机关事务管理部门名下”，并要求“建立健全党政机关办公用房集中统一管理制度，统一规划、统一权属、统一配置、统一处置”。2020 年以来，国家机关事务管理局会同自然资源部、财政部、税务总局等部委先后印发了《关于党政机关办公用房权属统一登记有关事项的通知》和《关于党政机关办公用房权属统一登记有关税收政策的通知》等文件和配套政策，对开展办公用房权属统一登记工作提出了指导性意见，在登记范围、权利主体、税收减免政策和工作程序等方面作出了明确规定。力图通过对房屋等建筑物、构筑物、土地等不动产进行权属登记，逐步把过去各部门各单位不动产权属分散管理模式转变为由机关事务管理部门代表政府统一登记、统一管理、统一调配、统一运营的统管模式，进一步加强和规范国有资产权属管理，切实盘活国有资产、实现科学管理，努力构建国有资产新型产权集中管理机制，推进资源合理配置和节约集约使用。

但是由于年代久远、人员更替、原权属单位反复变换、权属来源资料不全等原因，加之此前不动产权属管理工作普遍存在权属意识薄弱、产权不清、账实不符、资料缺失和制度真空等问题，还是有很多政府物业难以确权，在各地都存在有大量未进行产权登记的政府物业。

三、公共设施

公共设施是指由政府或其他社会组织提供的、给社会公众使用或享用的公共建筑或设备，按照具体的项目特点可分为教育、医疗卫生、文化娱乐、交通、体育、社会福利与保障、行政管理与社区服务、邮政电信和商业金融服务等。按经济学的说法，公共设施是公共政府提供的公共产品。从社会学角度来讲，公共设施是满足人们公共需求（如便利、安全、参与）和公共空间选择的设施，如公共行政设施、公共信息设施、公共卫生设施、公共体育设施、公共文化设施、公共交通设施、公共教育设施、公共绿化设施、公共房屋等。城市公共设施不同于农村公共设施，具体来说，城市公共设施是指城市污水处理系统、城市垃圾（包括粪便）处理系统、城市道路、城市桥梁、港口、市政设施抢险维修、城市广场、城市路灯、路标路牌、城市防空设施、城市绿化、城市风景名胜区、城市公园等。按照国家《城市居住区规划设计规范》及部分地方规范，居住区公共配套设施是指根据公共利益需要，为保障城市功能和满足居民基本生活需要，与人口规模或与住宅规模相对应配套建设的公共服务设施、道路和公共绿地的总称。

公共配套设施分类。城市公共设施按收费与否，有收费和不收费之分。从空间布局来分，有全市性公共设施、区域性公共设施、邻里性公共设施三种。按照国家及南京市、成都市、杭州市、威海市等地方规定，依照产权归属的要求分为三大类：一类为严格保障的公共设施，产权应移交至政府，包括教育、医疗卫生、社会福利保障、行政管理和社区服务、人防、开闭所、垃圾站、公共厕所、城市道路（公共绿地）等设施；二类为具有营利性的公共设施，产权归属投资主体，包括文化体育、农贸市场、金融邮电、商业服务设施、车位、储藏室等设施；三类为不可切割的公共设施，产权归属全体业主，包括居住区内道路（绿地）、物业管理、地面公共停车泊位、户外健身运动场所、自行车车库等设施。

在公共配套设施产权登记方面，杭州、广州、天津等地为解决公共配套设施登记难的问题，出台了一些地方法规和操作办法，厘清了当地的公共设施配套的产权归属问题，依法维护各权益人的合法权益，减少和防止由此产生的纠纷，促进社会和谐稳定。但地方的这些规定无法在全国范围适用，仍需上位法对公共配套设施的产权归属予以明确规定。上位法对除公共配套设施的产权归属有明确规定的外，物业服务用房、依法属于业主共有的道路、绿地，尚不能涵盖各种类型居住区公共配套设施，缺乏对公共配套设施的相关定义和解释，使得在不动产登记实务中很难准确判断。国务院办公厅下发的《关于开展城镇小区配套幼儿园治理工作的通知》（国办发〔2019〕3号）要求“已建成的小区配套幼儿园应按照规定及时移交当地教育行政部门”，也仅仅是对幼儿园的移交作了一个规定，实际上因历史原因登记在投资主体名下的幼儿园是很难完成移交的。

以房屋公共配套设施产权登记为例，主要存在以下几个方面的困难：一是居住区公共配套设施登记主体认定难，按《不动产登记暂行条例实施细则》第24条“未办理不动产首次登记的，不得办理不动产其他类型登记”的规定，居住区公共配套设施应首次登记在开发企业名下。但此类公共配套设施，特别是具有严格保障意义的配套设施，在未厘清后续权属归属的情况下，直接登记在开发企业名下可能会引发登记风险。一旦出现开发企业破产，相关不动产被法院查封时，承担公共服务职能的配套设施将面临被法院处置的尴尬境地。二是人防工程、避难层等特殊公建配套登记难，因为目前法律法规没有明确规定其产权归属，人防工程特别是住宅小区配建的防空地下室平时使用中存在诸多矛盾，在登记实务中对于人防工程、避难层等采取暂不登记的办法，此种办法虽然规避了登记部门的登记风险，但也造成了人防工程、避难层等权利主体不清的客观事实，有行政不作为的风险。三是公共配套历史遗留问题登记难，公共配套历史遗留问题往往成因复杂，牵涉面广，且有着复杂的形成原因，既有地方政府的因素，也有建设单位未履行职责等多方面原因。如已经移交的配套设施尚未登记，因建设单位注销等原因无法申请首次登记的，或移交的配套设施涉及违法建设的，或已经移交的配套设施无移交手续的，或对尚未移交，属于规划配建的一类严格保障的公共配套设施。按现有的法律法规，多数都不具备登记条件。

四、小产权房

住建部出台的《关于购买新建商品房的风险提示》将小产权房定义为："在农民集体所有的土地上建设的房屋，未经规划，未缴纳土地出让金等费用向集体组织以外的居民销售，并且其产权证不是由国家房管部门颁发，而是由乡政府或村委会颁发。"从土地来源看，小产权房既有占用集体土地的林地、山地、园地等建设的，也有在集体非农建设用地上建设的，还有在征地返回地或安置地上私自建设的；从民间约定俗成的称呼来看，绝大部分小产权房是建设在集体土地上，但是也有少部分是在国有土地上。还有个例是深圳，深圳通过城市化转地将全市土地全部国有化（深汕特别合作区除外），但是民间还是将原农村集体土地上建设的房子称之为小产权房。

小产权房的大量出现看似是受到巨大经济利益的驱使，村民和村集体或单独、或和"开发商"合作开发小产权房，并对外销售，从而形成了大量的小产权房，实际上这是城乡土地二元管理制度下必然产生的事物，根源就在于法律对土地自由流转的限制。2004年修订的《土地管理法》（2019年已废止）规定：农民集体所有的土地的使用权不得出让、转让或者出租用于非农业建设；任何单位和个人进行建设需要使用土地的，都必须依法申请使用国有土地；除本集体经济组织成员使用本集体经济组织的土地办企业或建住房除外，任何个人或组织开发建设商品房须依法申请使用国有土地。这表明在农村土地上需要使用土地进行建设时，就必须转换土地性质，必须由国家先依法征收土地，转为建设用地，再由各地政府部门出让给建设开发企业，开发建设企业依法向国家缴纳土地出让金等税费后才能开发建设商品房，面向社会出售。因此可以说，我国现行具有中国特色的两种不同的土地所有权制度是小产权房出现的根本原因。

小产权房是影响最大、交易量最多的未登记房地产，市场上往往将村民建设出售的称之为"村民自建房""回迁房"等，将村集体建设的称为"村委统建楼""村委集资房"等，将小产权房投资客参与建设的称为"开发商统建楼"等。小产权房没有房地产管理部门颁发的产权证书，但是个别村集体、"开发商"建设的会有乡镇或村集体确认过产权，发放过村委盖章的所谓"房产证”。小产权房的一手房交易方式主要是通过“合作建房协议”来进行，另外有律师见证、水电过户、村委（开发商）备案等方式来加强交易安全保障，二手交易在一手交易的材料基础上再签订转让协议来确保交易。

五、福利房

福利房主要是指机关、学校、企业等将房屋按成本价或一定标准价格出售给本单位职工的房屋。未进行房地产登记的职工福利房有可能是因为不符合房改的规定，也有可能是企业单位自身原因造成的历史遗留问题，还有可能是未达到服务年限等企业单位要求，此外还有可能是个人因素等多种情形。

福利分房是新中国成立以后计划经济时代特有的一种房屋分配形式。在计划经济中，人们所有的剩余价值都被国家收归国有，国家利用这些剩余价值中的一部分由各企事业单位盖住房，然后按级别、工龄、年龄、居住人口辈数、人数、有无住房等一系列条件分给一部分人居住。居住的人实际支付的房租远远低于建筑和维修成本，房屋的分配实际上是一种福利待遇。“等国家建房，靠组织分房，要单位给房”是福利分房的典型特征。在福利分房的时代，属于全民所有制的城市土地实际上归国家、政府支配，政府盖房子，分给职工居住，也就是人们常说的“公房”。国家定面积、定标准、定租金（收上来维护房子），无法转卖、限制转租，在分房的时候一般优先考虑已婚的职工夫妇，然后按照工作时间长短、职位的高低等来排分房的时间、分房的面积等等。自计划经济转入市场经济后，我国逐渐取消了福利分房。1998年，《国务院关于进一步深化城镇住房制度改革加快住房建设的通知》要求，自该年7月30日起停止住房实物分配，逐步实行住房分配货币化。1999年，国务院又专门下发《在京中央和国家机关进一步深化住房制度改革实施方案》，规定在京中央和国家机关要停止住房实物分配，逐步实行住房分配货币化；建立和完善以经济适用住房为主的多层次城镇住房供应体系。随后，企业福利分房的尝试也被叫停。停止住房实物分配后，新建经济适用住房原则上只售不租。

进入21世纪后，随着房地产市场价格飙升，新入职员工往往难以承受大城市的房价，不少企事业单位又重新采用了实物或货币补助的方式解决职工住房问题。例如目前有不少企业、高校等为了吸引人才、留住人才，也大量建设有员工福利房、人才房，尤其在房价较高的北上广深等一线城市，住房问题绊住了很多人才的脚步，企业为留住人才，给予职工福利房或者免息贷款支持，无疑是留住人才的最佳手段。例如华为向员工出售福利房，前 5 年是租房，租赁期满后员工才可以购买该房，购买 5 年后方可转让；阿里为员工提供 380 套“亲橙里”福利房，价格只是市场价的 60%；格力给 8 万名员工提供两室一厅的房子，以此鼓励员工好好工作。

福利房（公房）是时间跨度最长、情形最复杂的未登记房地产，从 20 世纪 90 年代开始就存在各种主体、各种方式的福利房，而未进行房地产产权登记的原因也是不尽相同。目前市场上很少交易福利房，主要在于产权无法进行转移，正常的交易之后产权难以保障，因此较大部分是通过法院裁决、拍卖等方式进行交易。

六、军产房

军产房是军队产权性质的房子，指由部队提供用地，开发商出资建造的房子。通常所说的军产房包括部队建设的公寓房、集资房、经济适用房、统建房、军队招待所、军队所属的酒店和相关的商业用房，等等。一般“军产房”指的是部队为了解决军人及家属的居住问题而“集资”建设的自用房屋，或是部队建设、产权归部队所有、仅限内部交易的房屋，但由于历史遗留问题等影响，向社会出售了的“军产房”。军产房的性质有点像集资房，不能抵押或贷款，因土地是部队的，军产房的所有权属于军队，个人仅拥有使用权。军产房要想买卖必须先改变其房屋所有权的性质才能上市交易。而房屋性质更改，一般需要军区进行主导，还得补交一定的地价才能转变成商品房。就交易而言，如果直接从军区购一手军产房，可以办理军产证，在新开盘的时候才可以做短期的贷款按揭，风险相对较小。但如果是二手交易，私下签订的合同是不具备法律效应的，此前有部分地区转名只需所属的军区办事处或管理处改名即可，但是假如房价上涨，原房东想要收回房屋，就会存在一定的风险。更加值得警惕的是，因为军产房是用国家签给部队的土地来建造的房子，所以地方政府或部队如果要征用这块地的话，是无偿征用拆迁的，当然这种概率很低；同时，如果买房者与军队房屋管理部门发生纠纷，地方法院并不受理。

军产房的发展自2015年后受到很大限制，2015年总政治部、总后勤部、军委纪委联合发出通知，决定利用两年时间，在全军和武警部队组织开展经济适用住房（俗称军产房）建设项目专项清理整治工作。通知明确指出由于执行政策不严、监管力度不够，经济适用住房出现了超计划超面积建房、低价内售和违规外售等问题，扰乱了住房建设管理秩序，影响了部队风气建设，必须大力坚决予以纠治。随后，2016年中央军委印发《关于军队和武警部队全面停止有偿服务活动的通知》，指出中央军委计划用3年左右时间，分步骤停止军队和武警部队一切有偿服务活动。对于承担国家赋予的社会保障任务，纳入军民融合发展体系。自《通知》下发之日起，所有单位一律不得新上项目、新签合同开展对外有偿服务活动，凡已到期的对外有偿服务合同不得再续签，能够协商解除军地合同协议的项目立即停止。目前从市场来看，已没有新增销售的军产房，但是二手军产房交易仍然存在，个别军区后勤部有发放《房屋所有权证》，但目前一般也不能进行更名交易。

七、其他

除上述比较典型的几类未登记房地产外，事实上还有许许多多的未登记房地产类型。比如在工业用途的未登记房地产中，也可以细分出很多种类，如由集体经济组织兴建的工业园区、由企业负责征地补偿后兴建的工业园区、擅自改变房屋用途的房屋如工业用地改宿舍、研发厂房（办公用房）改公寓的，如此种种，或因为权属不清、或因为违反规划、或存在纠葛等造成未能完成产权登记，形成如此庞杂的未登记房地产类型。表2.7.1是以深圳为例统计出来的未登记房地产的一些种类。

表 2.7.1　未登记房地产分类（以深圳为例）

序号	大类	分类	细类
1	居住类	住宅、别墅	商品房、其他住宅
		宿舍	工业园宿舍、普通宿舍
		私宅	私房、私宅
		保障房、廉租房、安置房、统建楼	保障房、廉租房、安置房、统建楼
2	商服类	商业办公	商铺、办公
		高尔夫、跑马场	高尔夫球场及其配套用房、高尔夫别墅、跑马场及其配套用房
		加油加气站	加油站、加气站、充电站
		旅游	度假村、旅游景点等
3	工业类	厂房、库房	厂房、仓库、工业区
		养殖	水产、渔业养殖、农场、果园及其配套管理用房
4	公共管理服务类	政府用房	政府及其职能部门办公用房、监狱、看守所、戒毒所、海关、边检用房等
		国有企事业单位用房	国有企业、事业单位用房
		军事	部队用房、军区、海陆空军基地、武装部、边防、军营等
		学校	幼儿园、小学、中学、大学、学校
		医院	医院、社康中心
		文体	文化馆、艺术中心、体育中心等
		殡葬	墓地、殡葬场及其配套用房
5	基础设施类	交通	港口、码头、机场、轨道交通车辆段、公交车辆段等
		电力	核电站、变电站、发电厂及其配套宿舍、用房等
		水务	水库、水厂、供水房、污水处理厂等
6	配套类	配电房、泵房	配电房、机电房、泵房
		食堂、厨房	企业职工的饭堂、厨房
		物业管理、门卫、岗亭	物业管理用房、门卫、岗亭
		杂房、平房、冲凉房、休息室、亭	杂物房、平房、冲凉房、休息室、更衣室、设备房、亭
		小型市政配套	公厕、垃圾房、废品回收站、煤气站

（续表）

序号	大类	分类	细类
7	其他	古迹、宗教	宗祠、寺庙、教堂、文物保护单位等
		公园	公园及其配套用房
		停车场、球场、泳池	车库、单车房、网球场、篮球场、足球场、泳池等
		在建停建、拆除、危房、废弃	在建停建、拆除、危房、废弃房
		临时建筑、铁皮房、砖墙铁皮顶房	临时建筑、棚、铁皮顶房
		附着物、构筑物等	附着物、构筑物以及其他设施设备
		无法分类	

第三章　未登记房地产的现状

一、未登记房地产的销售市场分析

（一）未登记房地产市场管控政策

针对未登记房地产销售流转问题（主要针对住宅类的未登记房地产，其他种类很少出现交易情况，在本章节中的未登记房地产销售情况主要是指住宅用途类未登记房地产），从中央到地方，各级政府部门高度重视，历年来出台了一系列政策文件进行监管和治理。

1999 年，国务院办公厅在《关于加强土地转让管理严禁炒卖土地的通知》中要求加强对农民集体土地的转让管理，严禁非法占用农民集体土地进行房地产开发；农民集体土地使用权不得出让、转让或出租用于非农业建设；对符合规划并依法取得建设用地使用权的乡镇企业，因发生破产、兼并等致使土地使用权必须转移的，应当严格依法办理审批手续。农民的住宅不得向城市居民出售，也不得批准城市居民占用农民集体土地建住宅，有关部门不得为违法建造和购买的住宅发放土地使用证和房产证。要对未经审批擅自将农民集体土地变为建设用地的情况进行认真清理。凡不符合土地利用总体规划的，要限期恢复农业用途，退还原农民集体土地承包者；符合土地利用总体规划的，必须依法重新办理用地手续。

2007 年 6 月，原建设部发出风险提示，提醒购房者，以城镇居民身份到农村购买农村住房，不符合现有土地管理制度的规定。2007 年 12 月，国务院常务办公会明确要求城镇居民不得到农村购买宅基地、农民住宅或小产权房。

2008 年 1 月，国务院下发的《关于严格执行有关农村集体建设用地法律和政策的通知》指出，任何涉及土地管理制度的试验和探索，都不能违反国家的土地用途管制制度。2008 年 7 月，国土部下发通知，要求尽快落实农村宅基地确权发证工作，但明确指出不得为小产权房办理任何形式的产权证明。

2009 年 9 月，国土资源部下发《关于严格建设用地管理促进批而未用土地利用的通知》，再次向地方政府重申，坚决叫停各类小产权房。

2011 年 12 月，国土资源部、中央农村工作领导小组办公室、财政部、农业部印发《关于农村集体土地确权登记发证的若干意见》，要求严格规范农村集体土地确权登记发证行为，结合全国土地登记规范化检查工作，全面加强土地登记规范化建设。严格禁止搞虚假土地登记，严格禁止对违法用地未经依法处理就登记发证。对于借户籍管理制度改革或者擅自通过“村改居”等方式非经法定征收程序将农民集体所有土地转为国有土地、农村集体经济组织非法出让或出租集体土地用于非农业建设、城镇居民在农村购置宅基地、农民住宅或“小产权房”等违法用地，不得登记发证。对于不依法依规进行土地确权登记发证或登记不规范造成严重后果的，严肃追究有关人员责任。

2012 年 2 月，国土部在 2011 年房地产用地管理调控等情况新闻发布会上表示，2012 年起各地土地市场流标、流拍类现象须及时上报。同时将限期处理土地闲置等违法违规类案件，包括试点处理小产权房问题。

2013 年 11 月，国土资源部办公厅、住房城乡建设部办公厅联合发布《关于坚决遏制违法建设、销售“小产权房”的紧急通知》。通知要求各地国土主管部门、建设主管部门全面正确贯彻落实党的十八届三中全会《决定》，认识“小产权房”问题的危害性和严重性，坚决查处在建、在售行为，坚决拆除一批、教育一片，发挥警示和震慑作用，并及时将排查摸底的情况报告两部委，切实履行好监管职责。

2020 年 5 月，自然资源部发布《关于加快宅基地和集体建设用地使用权登记工作的通知》，指出城市居民乱占用耕地建房、非法购买宅基地和小产权房的，不得办理登记。同月，国务院发布了《关于新时代加快完善社会主义市场经济体制的意见》，提出加快建设城乡统一的建设用地市场，建立同权同价、流转顺畅、收益共享的农村集体经营性建设用地入市制度。探索农村宅基地所有权、资格权、使用权“三权分置”，深化农村宅基地改革。

各级地方政府也对未登记房地产的销售流转做出限制政策，以深圳近年来的部分政策为例：

2009 年 8 月，深圳市人民政府办公厅印发《深圳市查处违法建筑销售行为专项整治工作方案》，方案明确了整治范围和整治时间；建立了市查处违法建筑销售行为专项整治联席会议制度并下设办公室；将市规划国土委、市公安局、市监察局、市司法局、市住房建设局、市水务局、市市场监管局、市地税局、市城管局、市查违办、市银监局、市供电局、各区人民政府（含新区管委会）列为成员单位；详细规定了各成员单位的职责分工和工作内容。

2010 年 7 月，深圳市人民政府发布《深圳市房地产市场监管办法》，办法对包括在建、在售违法建筑等房地产市场行为规定了明确的法律责任。对在建违法建筑，依法予以拆除，对质量安全且不严重影响城市规划可以加以利用的，依法没收或者征收后用于保障性住房；对违法销售违法建筑的，由房地产主管部门依法没收违法所得，违法所得无法计算的，按照所实际销售的违法建筑经评估的工程造价计算违法所得；涉嫌非法经营犯罪的，移送司法机关依法处理；对承建违法建筑的施工企业，由建设部门依法予以处理；对为在建、在售违法建筑提供服务或者便利的法律服务机构、公证机构、商业银行等，由司法行政部门、银行监管机构依照各自职责依法进行处理。

2014 年 2 月，深圳市人民政府办公厅出台了《深圳市政府土地清理专项行动工作方案》（深府办函〔2014〕27 号），本次行动以执法清理为重点，包括纳入土地储备机构管理的储备土地和城市化转地后委托街道办管理的土地，按土地权属状况是否存在违法违规占用行为，分 3 类进行处理，彻底消除政府储备土地上的安全隐患。

2015 年 9 月，深圳市人民政府出台了《关于征地安置补偿和土地置换的若干规定（试行）》（深府〔2015〕81 号），该规定严格限制了土地安置、土地置换的适用情形，鼓励土地安置在继受单位已建成的区域落实并与城市更新统筹处理，有助于解决违法用地、违法建筑问题，盘活历史存量用地，保障城市发展的土地和空间需求。

2017 年 1 月，深圳市第六届人民代表大会第三次会议政府工作报告中提出：2017年起深圳将实施“十大行动计划”。主要包括：一、违法建筑全面管治专项行动：完成新区存量违法建筑安全隐患排查、重大或危急安全隐患整治、违法乱搭建清理拆除等工作。二、违法建筑疏导专项行动：全面控停，依法拆除新增违建，规范各类建设行为，推动历史遗留违建处理，确保新增违建“零增长”、存量违建“负增长”。三、违法建筑断根专项行动：通过综合手段，在“十三五”期间，盘活利用428公顷未完善征转手续用地、未建设空地。四、违法建筑非法销售监管执法专项行动：摸清新区违法建筑销售情况，遏制新增违建销售行为，从销售环节斩断违法建筑的违法利益。五、土地整备专项行动：推进开展土地整备利益统筹试点面积不少于37公顷，加快推进公共基础设施、重大民生工程的房屋征收工作。六、重大产业项目用地保障专项行动：推动释放总面积约37.1公顷的5公顷以上大型产业地块。七、政府储备土地清理专项行动：推动完成目前仍被违法占用或存在权属争议的19公顷政府储备土地清理工作。八、建设用地清退专项行动：加快推进建设用地清退工作，到2020年完成清退规模不低于400公顷。九、城市更新专项行动：到2017年年底，光明区完成拆除重建类城市更新项目用地供应10公顷，完成旧工业区综合整治建筑面积2万平方米。十、地籍调查和土地总登记专项行动：用5年左右时间，完成新区所有用地的土地确权及登记。

（二）未登记房地产市场销售渠道

由于未登记房地产交易市场受法律约束，处于半公开、隐蔽、不规范的灰色状态，公开调查难以开展，因此与商品房销售市场相比，历史和新增违建市场的公开、权威、全面的数据较难获得，主要的销售渠道有以下几类：

一是网络销售。主要是相关的网站、QQ、微信、公众号、微博、视频App等。以深圳为例，包括深圳小产权房网、58同城、赶集网、搜房、新浪微博、QQ、微信等都有相关未登记房地产销售广告。

二是线下销售。主要包括统建楼、村委集资楼以及部分“城中村”项目会设有小型的售楼处，并通过小型中介（大型连锁中介一般会因规避风险不代理此类物业销售）、路边张贴销售广告、发放宣传单等进行线下销售。

（三）未登记房地产销售市场特点

未登记房地产项目的销售与商品房差别较大，主要体现在以下几个方面：

在项目规模上，未登记房地产项目普遍较小。以深圳市场为例，住宅类未登记房地产（其他类销售的情况非常少见）销售项目主要有三类：一类是村委统建楼和开发商统建楼，指由原村集体、小型投资开发商或单独或合作开发的项目，属于村委、村民所有并对外销售的市场上称之为村委统建楼，属于开发商所有并对外销售的市场上称之为开发商统建楼；二是农村私宅整栋或装修后分拆出售，有部分村民私宅面积较大，市场上有加装电梯精装修后进行分拆出售的行为；三是工业、办公类物业改造为住宅用途出售。从上述三类可以看出，大部分项目在规模上都相对较小，除个别村委统建楼项目比较大型外，绝大部分未登记房地产项目规模都仅仅为单体楼或仅少数几栋，面积小、配套差。

在销售方式上，未登记房地产一般以现楼销售为主。出于买家对未登记房地产的顾虑，未登记房地产极少以期房的方式销售，一般在主体完工之后进行销售，且除改造项目外一般以毛坯房状态销售。另外，未登记房地产销售时一般以十来套为单位进行销售（一方面规避风险，另一方面造成热销局面），很少进行大型的“开盘销售”，因此未登记房地产的销售时间往往拉得很长，并且会随着政策的变化而变化，如政府突然开始关注到此类问题时，会马上停止销售并转入地下。

在销售价格方面，未登记房地产市场价格主要跟随商品房价格波动，且远低于商品房的价格。未登记房地产与商品房在产品功能上类似，但又面对不同群体，在市场表现上，未登记房地产价格基本上是跟随商品房的价格上涨而上涨（例如在 2017 年之前），也跟随商品房的价格下跌而下跌（例如 2018 年第三季度以来，特别是新冠疫情三年）。在价格表现上，有相对完善配套、年代较新、有停车场、有电梯的未登记房地产价格一般在周边商品房的 40% 左右，楼龄大的单体楼、私宅类等价格往往仅有周边商品房的 20% 左右。

在户型设置上，未登记房地产更偏重于小户型。未登记房地产的主要目标群体是投资客和经济条件较差、需求较少的刚需客，从投资资金量的需求和流转速度需求角度来看，单身公寓，一房一厅、两房一厅等小户型更受市场青睐。

在付款方式上（一手房），未登记房地产以一次性付清和分年（笔）付清为主。受政策限制，未登记房地产不能进行按揭贷款，因此，付款方式主要以一次性付清房款为主，但是不少部分较大项目会采用先付一定比例，如50%，剩余房款分3、5、6年等分期付清，还有部分项目会与银行等以抵押贷款、装修贷款、公司贷款等方式进行部分资金的融通。

二、未登记房地产的租赁市场分析

（一）未登记房地产租赁管控政策

2020年9月，住建部对《住房租赁条例》公开征求意见。从征求意见稿来看，这部住房租赁领域“史上最严”的规范性文件涵盖了出租与承租、租赁企业、经纪活动等多方面，系统性地对出租与承租、租赁企业、经纪活动等进行多方面的约束与监管性完善，指出出租住房的室内装修应当符合国家有关标准，不得危及承租人的人身健康，禁止将不符合工程建设强制性标准、消防安全要求或者室内装修国家有关标准的住房以及其他依法不得出租的住房出租。

不得出租的四类住房与未登记房地产都有着千丝万缕的联系。第一是不符合工程建设强制性标准的房子不得出租，具体而言就是，不符合建筑、消防等方面的标准和要求，不具备供水、供电等必要生活条件的房子不得出租。毫无疑问这其中包括数量庞大的小产权房、无产证房、有安全隐患的城镇自建房等。第二是室内装修不符合国家有关标准的房子不得出租，新建商品房装修规范已经日臻完善，同样租赁住房的装修也要设置标准。归根结底是因为，近年来市场上不符合装修标准的房子越来越多，而且屡屡有危害承租人自身健康和生命的情况发生。“新禁令”将“不符合室内装修国家有关标准”的条例单独列出，并且明确要求“不得危及承租人的人身健康”，很显然已经注意到了这类住房的严重危害，也体现了国家对于此类问题的重视。第三是非居住空间不得出租，在北上广深这样寸土寸金的大城市，阳台、卫生间、厨房、过道等通过改造后出租住人的情况屡见不鲜。第四是其他依法不得出租的房子不得出租，依法不得出租的房子有以下几类：违章违建的房子、没有产权证书的房子、被司法机关查封的房子、其他房屋共有人不同意出租的房子、被抵押以及未经抵押权人同意的房子等。

此外，在《最高人民法院关于审理城镇房屋租赁合同案件若干问题的解释》（2020 年 12 月 23 日最高人民法院审判委员会第 1823 次会议通过）中就未登记房地产出租的法律效力进行了说明：（第 2 条）出租人就未取得建设工程规划许可证或者未按照建设工程规划许可证的规定建设的房屋，与承租人订立的租赁合同无效。但在一审法庭辩论终结前取得建设工程规划许可证或者经主管部门批准建设的，人民法院应当认定有效。（第 3 条）出租人就未经批准或者未按照批准内容建设的临时建筑，与承租人订立的租赁合同无效。但在一审法庭辩论终结前经主管部门批准建设的，人民法院应当认定有效。租赁期限超过临时建筑的使用期限，超过部分无效。但在一审法庭辩论终结前经主管部门批准延长使用期限的，人民法院应当认定延长使用期限内的租赁期间有效。

因此，在法律层面，理论上大部分未登记房地产类型出租都是违法的，《城市房地产管理法》《城市房屋租赁管理办法》对此都有了明确的规定，毋庸置疑。但就全国各地的情况来看，农村为发展经济，积极招商引资办厂，没有经过任何规划、报批、报建，建起了大量的厂房、工棚，表面上是以厂房出资他人（多为台商、港商）合作办厂，实质上是出租厂房收取租金。显然这样的租赁行为是非法的，是不应受到法律保护的。现实中，农村集体收入很大一部分是靠这种违章建筑出租获取的，村民的分红也靠这一块。但是也有部分外商赚足了钱后，有的长期拖欠租金，有的逃跑了，有的甚至留下一身债务要村集体来背。这种现状目前较突出，起诉到法院，法院又无法依法予以保护，村民怨气大。法院也处于一种两难境地。一方面要依法办案，不能明知是违章建筑出租，也给予保护。另一方面，法院作为地方经济秩序和社会稳定的维护者，又不忍看到村民受到巨大的经济损失。对类似这样的违章建筑出租问题，究竟应如何处理，是困扰基层法院法官的一大难题：一是认为租金可以适当保护。即首先认定违章建筑出租是非法的，租赁合同无效，但实际已租用房屋或场地，本着实事求是的原则，仍应给予一定的补偿，因为租赁合同的无效不像其他买卖合同，可以返还，租赁是一种行为合同，没法返还。在计算补偿费时按房管部门评定的租金标准计算。不管采用何种计算方法，只要对租金予以了支持，就是等于承认了违章建筑出租的合法性，与认定违章建筑出租是非法的前提相矛盾。二是认为，对于违章建筑出租的非法所得应依照《民法通则》第134条第3款的规定对非法活动的所得予以收缴，以惩罚乱建乱租，冲击、扰乱正常的房屋租赁市场的行为。站在村民的角度来看，违章建设的厂房、工棚出租的租金不能通过合法途径收回来，感情上是很难接受的。

在深圳，这类未登记房地产由于存量巨大，政府对于出租行为会更“网开一面”。《深圳市非原村民所建住宅类历史遗留违法建筑临时使用管理办法（试行）》（深规土〔2015〕283号）规定：（第4条）本办法第三条规定范围内的非原村民所建住宅类历史遗留违法建筑经普查记录后依法处理前，符合《实施办法》规定条件的，应当办理临时使用备案。非原村民所建住宅类历史遗留违法建筑未办理临时使用备案的，不得出租、进行经营性活动；已经办理临时使用备案的，可以出租，但不得进行经营性活动。《深圳市人民代表大会常务委员会关于农村城市化历史遗留违法建筑的处理决定》（深圳市第六届人民代表大会常务委员会公告第161号）中规定：（第11条）经普查记录的违法建筑，尚未按照本决定和相关规定处理前，可以允许有条件临时使用。违法建筑建设当事人或者管理人需要临时使用的，应当向有关部门申请工程质量和消防安全检验；经工程质量和消防安全检验合格并符合地质安全条件的，可以按照规定办理临时从事生产经营活动和房屋租赁的相关手续。申请临时使用的办理程序、使用期限等具体规定，由市人民政府另行制定。

“历史违法建筑”一说，其本身带有城市发展的特殊性和历史性，并不能与“违法建筑”完全等同，历史违法建筑的概念在深圳市被通过地方性法规进行了明确（其中绝大部分都属于未登记房地产），深圳的历史遗留违法建筑是深圳市快速城市化进程中的特殊产物，虽然大多数历史违建未取得现行法律要求的产权证明，但政府考虑深圳两次土地国有化过程中存在的问题，对其给予了谨慎处理，故而称作“历史遗留违法建筑”而非“违法建筑”，并给予了合法性的路径。从深圳的司法实践来看，法院一方面尊重最高人民法院司法解释规定，对于没有房产证亦无报建手续或相关部门批复的房屋之租赁合同作无效认定；另一方面充分考虑了深圳市历史违建的特点，对于“经主管部门批准建设”的情形给予了扩大解释，以使得租赁合同有效具有一定空间，如取得了县区、镇人民政府的建设许可（虽非法律规定的城乡规划部门），规划国土部门对历史违建申报作出的保留或临时使用批复、街道办证明确权等。

（二）未登记房地产租赁市场

《2021 中国青年租住生活蓝皮书》显示，截至 2020 年年末，我国租赁市场群体规模已经高达 2.1 亿人，住房租赁人口比例占总人口的 24%，在 2010 年仅为 16%，短短十年间国内的租房人口就急速增加。在北京、上海、深圳等一线大城市，租房甚至长租事实上也已经成为城市青年解决居住问题的唯一选择。更重要的是，未来伴随着城市化进入第二阶段，流动人口规模增加趋势不改，更将支撑租赁人口的迅猛增长；且未来受都市圈发展趋势、高房价及限购政策、新生代人群消费升级的影响。基于此，有机构预测，到 2030 年全国租赁人口将达 2.7 亿人，对应市场规模将达 4.2 万亿，更有专家预言未来十年会是房屋租赁市场的黄金十年，租赁房子的人会呈井喷式增加。

在未登记房地产租赁市场方面，虽然政策层面限制重重，但在市场上却由于价格优势享受与商品房一样的待遇，各大小中介代理、各网络平台营销，整体租赁表现与商品房基本一致。

以深圳市 2019 年的租赁数据为例。2019 年深圳全市建筑物共计 65.48 万栋，建筑面积约 10 亿平方米。按照市网格办统计划分的建筑物使用状态，分为已出租、自用、待租、空置、部分出租以及其他类型，其中处于已出租状态的楼栋共计万栋，面积 4.2 亿平方米，超全市建筑物的四成。在全市 33.26 万栋已出租建筑中，未登记房地产约 16.69 万栋，占比 50.19%，面积占比 52.42%；其中，住宅类约 11.45 万栋，占全市住宅类出租楼栋的 54.64%，面积 9559.61 万平方米，占全市住宅类出租楼栋的 62.42%；综合类 1.74 万栋，占全市综合类出租楼栋的 55.87%，面积 4006.42 万平方米，占全市综合类出租楼栋的 45.42%；工业类 2.06 万栋，占全市工业类出租楼栋的 49.18%，面积 6803.74 万平方米，占全市工业类出租楼栋的 52.87%。

根据调查发现，2019 年深圳市住宅类未登记房地产月租金水平为 43.69 元 / 平方米。其中，福田区最高，为 77.34 元 / 平方米，其次为南山区，为 69.60 元 / 平方米，最低的为坪山区，为 22.93 元 / 平方米。根据深圳市房地产大数据服务平台公布的深圳市商品房月租金水平数据，深圳市月租金水平为 80.4 元 / 平方米，为未登记房地产的 1.8 倍，除大鹏新区未登记房地产与商品房租金水平较为接近外，其余各区比值约在 1 ∶ 1.3 ～ 1 ∶ 1.8 之间。从租金水平分布来看，处于 30 ～ 40 元 / 平方米的住宅类未登记房地产最多，占比 31.81%；其次为 40 ～ 50 元 / 平方米的未登记房地产，占比 18.27%。从统计数据可见，未登记房地产租金水平大多在 20 ～ 80 元 / 平方米之间。对于工业、办公等类未登记房地产，调查结果显示，工业类租金水平为 27.61 元 / 平方米，办公类租金水平为 57.98 元 / 平方米。

三、未登记房地产的居住人口分析

大部分未登记房地产的居住人口为流动人口，是新毕业的大专院校的学生、进城务工人员、第三产业人员等的聚集地，具有人口密集、结构复杂、流动性大等特点。为更好地对未登记房地产居住人口进行有效管理，各级政府因地制宜地采取了很多措施，诸如采用“网格化 + 信息化”的管理模式，进行过很多有效的探索。在居住人口数量方面，有媒体报道“2017 年北京有城中村 952 个，常住人口 370 万，广州有城中村 577 个，常住人口 627 万，深圳有城中村 286 个，常住人口 1200 万”。

在《广州石牌区棠下村城中村流动人口调查报告》中，根据课题组的调查，城中村流动人口的男性占 54%，女性占到 46%，男性比女性略多一些。从年龄来看，在课题组调查的城中村流动人口中，25 岁以下的占 37%，25~35 岁的占 37%，这说明 35 岁以下的年轻人是城中村流动人口的主体。从学历来看，城中村流动人口的学历层次偏低。根据课题组的调查，初中水平的流动人口占 48%，高中文凭的占 38%，本科学历的占 14%，研究生学历的几乎没有，学历由低到高基本呈现出金字塔形。

未登记房地产中的居住人口在各城市基本一致，下面以深圳的未登记房地产居住人口情况进行分析：

2019 年深圳市居住总人口 2206.77 万人，其中未登记房地产的居住人口约为 1086.29 万人，占总人口的 49.23%，居住在商品房（含保障房）中的人口约 1120.48 万人，占比 50.77%；与 2018 年的全市总人口 1992.65 万人相比，总人口增加 214.12 万人，同比上升 10.75%，商品房（含保障房）居住人口上升 23.76%，未登记房地产居住人口下降 0.09%。全市未登记房地产人均居住面积为 15.51 平方米 / 人，同比下降 7.90%。

人口密度。人口密度是指特定地域范围内单位土地面积上的人口数量，按全市陆域面积（不含岛屿）1965.1 平方千米计算，2019 年全市平均人口密度为 10158 人 / 平方千米，各区分布悬殊，整体为东部轻西部重。密度最大的为福田区，达 22175 人 / 平方千米，密度最小的为大鹏新区，为 539 人 / 平方千米，二者相差 41 倍。为了更直观地看出全市街道居住人口密度，将人口密度分为每平方千米 5000 以下、5000 ～ 10000、10000 ～ 20000、20000 ～ 30000、30000 以上五个级别制作成地理空间分布图。从图 3.3.1 可以看出，深圳中部的人口密度最大，每平方千米 30000 人以上的街道主要分布在罗湖区和福田区，深圳东部各街道人口密度远低于西部各街道，呈现东部轻西部重中间集中的人口分布特点。

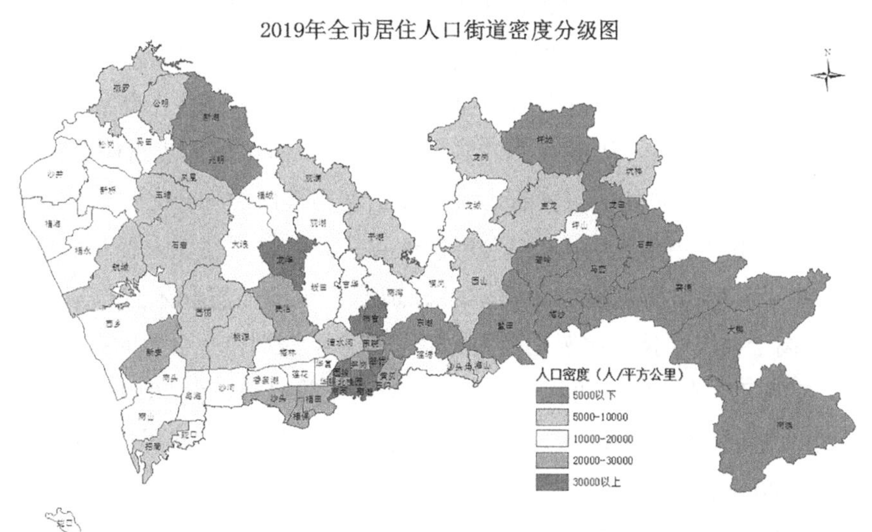

图 3.3.1　2019 年深圳市居住人口街道密度分级图

人均居住面积。以每栋楼的居住人口除以每栋楼的建筑面积，得到每栋楼的居住密度，以居住密度越大的显示颜色越深制作成热点图，由图 3.3.2 可以看出，沙井、新安、石岩、南山、布吉等街道人均居住面积最小，密度最大，主要楼房类型均为城中村农民房。

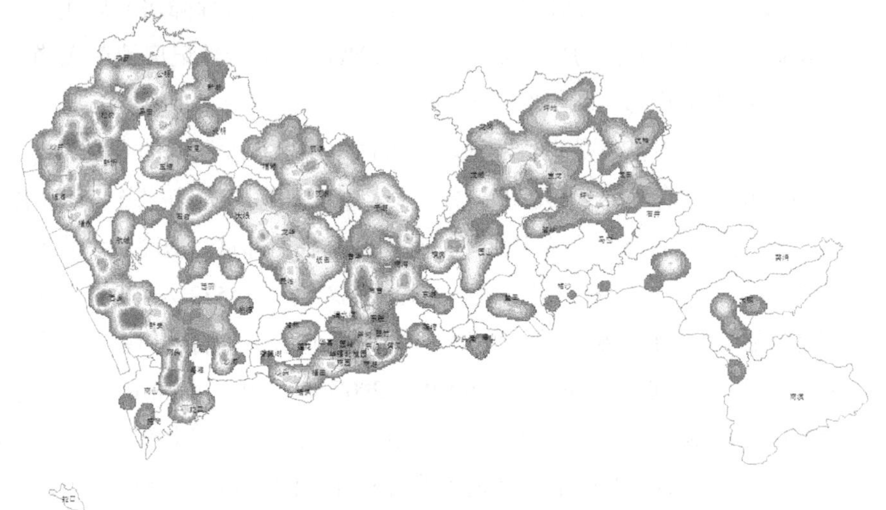

图 3.3.2　2019 年深圳市人均居住面积热点图

受教育程度。2019 年深圳市大专以上学历人口占比持续上升至 18.78%，高中、初中、技工学校等（以下简称“高中技”）学历人口占比持续下降到 63.29%，初中及以下人口占比 17.93%；高学历人口多居住在商品房中，未登记房地产居住人口中从事第二产业人口较多，原特区外人才结构更新更快。从不同建筑分类的居住人口来看，大专以上学历人口约三分之二居住在商品房中，与之相对应的“高中技”学历群体有三分之二居住在未登记房地产之中，初中及以下学历的群体各有一半分别居住于商品房和未登记房地产中（之所以高于“高中技”比例是因为此群体包含了深圳市上百万的在读中小学生）；未登记房地产中工业从业者众多，虽呈下降趋势，但 2019 年还占未登记房地产总居住人口的 43.59%；未登记房地产中以租赁方式居住的占绝大多数，占比 80.84%。

婚姻状况。全市已婚人口占全市总人口的 50% 左右；2013—2019 年期间全市已婚人口（含离婚、丧偶）和未婚（含数据中登记为“其他”类别的人口）的分布占比基本保持不变，接近 1 ∶ 1。2019 年全市已婚人口中 52.86% 的人居住在未登记房地产之中，未婚人口有 56.27% 的人居住在未登记房地产之中，同比 2018 年，分别下降了 0.63% 和 1.58%。2019 年全市未登记房地产居住人口中已婚的人口占 48.49%，未婚的占 51.51%，同比 2018 年，已婚人口上升了 2.0%，未婚人口则下降了 2.0%。

从事行业。全市各行业人口中第一产业从业人口很少、第二产业从业人口最多但呈下降趋势、第三产业人口占比越来越大；2013—2019 年期间未登记房地产居住人口的行业占比最大的是工业行业人口，2013 年占比达到了 50.10%，也就是说未登记房地产居住人口中有一半人从事工业生产工作，到了 2019 年虽然有所下降，但工业人口占比仍达到了 43.59%；在此期间各行业人口占比变化不太明显，只有 2013 年的非劳动年龄、工业、无业三者占比稍有出入，其中，工业类居住人口下降了 6.51%，非劳动年龄和无业人口均上升了 3.33%。2013—2019 年期间全市劳动人口占比下降了近十个百分点；原特区内各区人口基本以“白领”为主；原特区外各区以“蓝领”为主，但原关内各区人才结构更新速度放缓，如图 3.3.3 所示。

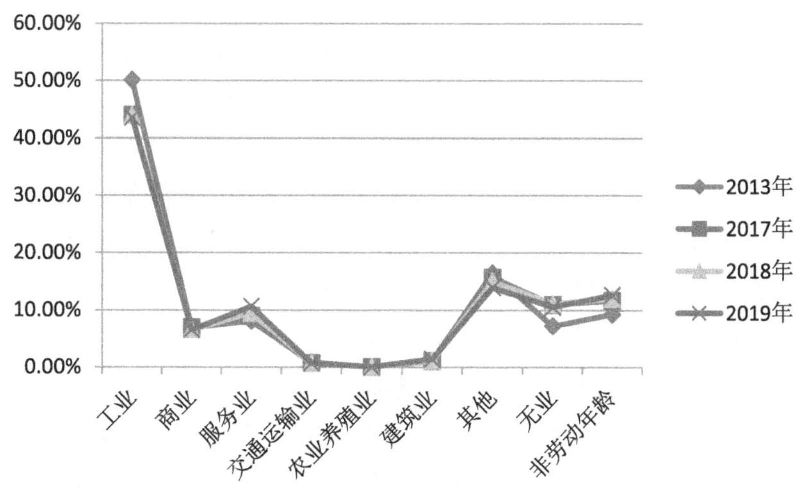

图 3.3.3　2013—2019 年深圳市未登记房地产居住人口行业占比变化图

租住类型。2019 年，全市未登记房地产中占比 80.84% 的人口居住于租赁房屋当中，占了未登记房地产住房类型的绝大多数；其次为居住于单位内部的人口，占比 9.86%；比较有意思的数据是居住于未登记房地产之中自购房的人数有 55.41 万人，占比 5.10%，这个数据相对于 2018 年的 52.41 万人稍有增加，说明这部分人群居住是比较稳定的，除开少部分本地原居民仍居住于未登记房地产之中，说明有不少于 55.41 万的人居住于购买的未登记房地产之中（包括农民房、统建楼、小产权房、军产房等），属于自住型小产权房购买者。

分布特征。2019 年深圳开通营运的地铁 1 ～ 5、7、9、11 号共 8 条地铁线路，以 2019 年人口数据进行叠加分析，全市地铁 166 个站点 1 千米范围内的居住人口 768.26 万人，但分布极不平衡，平均每个站点周边人口数量为 4.63 万人，居住人口最多的是 1 号线坪洲站 22.64 万人，居住人口最少的是 5 号线长岭陂站 945 人。宝中片区、民治五和片区和下水径这三个关外片区，由于可替换的交通工具有限，在上班早高峰期间非常拥挤，而这些人口众多区域正是未登记房地产集中区域。

四、未登记房地产的产业使用分析

未登记房地产的复杂类型也说明了未登记房地产在深度参与城市生产生活的方方面面，因此，除居住功能外，未登记房地产在办公、商业、公共设施等领域的大量存在也说明其使用范围的广大，特别是在政府用房和公共设施方面，正是以前产权登记的盲区。除此之外，在不少经济较为发达的地区，工业类的未登记房地产也大量存在，例如深圳，工业用途类的未登记房地产（主要是历史遗留违法建筑）建筑总量占到了整个未登记房地产的三分之一以上。为解决此类问题，促进城市工业发展，防止城市产业空心化，还专门制定发布了《深圳市人民政府关于农村城市化历史遗留产业类和公共配套类违法建筑的处理办法》（深圳市人民政府令 2018 年第 312 号），推进产业和公共配套类建筑的合法化处理，进行登记发证。其中，产业类历史违建包括生产经营性和商业、办公类历史违建。生产经营性历史违建，是指厂房、仓库等实际用于工业生产或者货物储藏等用途的建筑物及生活配套设施。商业、办公类历史违建，是指实际用于商业批发与零售、商业性办公、服务（含餐饮、娱乐）、旅馆、商业性文教体卫等营利性用途的建筑物及生活配套设施。公配类历史违建是指实际用于非商业性文教体卫、行政办公及社区服务等非营利性用途的建筑物及生活配套设施。下面以深圳为例简单介绍未登记房地产在产业使用方面的情况。

产业是支撑城市发展的基础，实施产业转型升级是深圳赢得长远竞争力的必要之举和必然选择。产业发展需要土地房屋作为承载空间，深圳市委市政府一直对于产业用房用地问题高度重视。为了完善深圳市空间资源供给模式，在土地资源稀缺的条件下拓展产业发展空间，建立“以房招商、以房养商、以房稳商”新机制，2013 年以来，市政府陆续出台了多项政策文件，逐步明确了创新型产业用房和用房平台的发展理念。深圳市在土地资源紧张和用房成本不断上升的情况下，各个产业的发展不可避免地使用未登记房地产作为承载空间。

通过对 2018—2019 年深圳市四大战略支柱产业（高新技术、金融、物流、文化）以及六个重要产业（服装产业、加工制造产业、生物产业、物联网产业、新能源产业、珠宝产业）的 5579 家行业协会会员企业使用未登记房地产情况进行分析，发现使用未登记房地产的企业共有 1525 家，占全部会员企业的 27.33%，同比上升 12.05%（增加 164 家）。从各产业来看，占比最高的是加工制造产业，该产业使用未登记房地产达到 41.76%，同比上升 20.13%（增加 62 家）；其次是新能源产业，该产业使用未登记房地产占比 38.79%，同比上升 28.00%（增加 14 家）；珠宝产业使用未登记房地产占 30.07%，同比上升 17.86%（增加 20 家）；金融产业最低，使用未登记房地产占比 4.39%，同比上升 13.33%（增加 2 家），如图 3.4.1 所示。

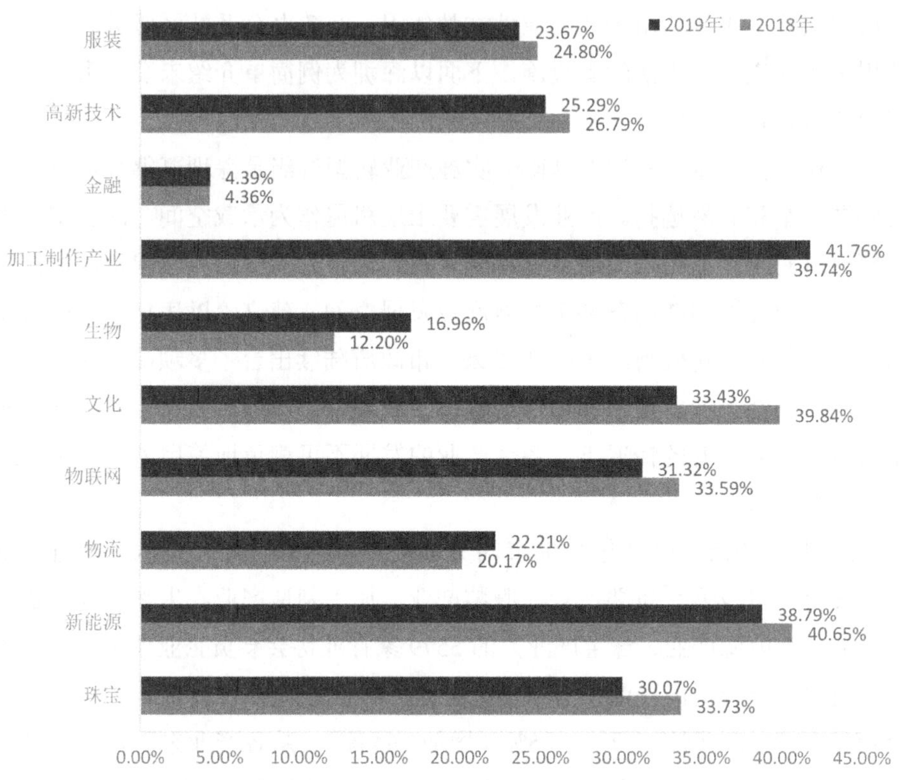

图 3.4.1　2018—2019 年深圳市十大产业使用未登记房地产情况对比图

第四章　房地产评估理论与体系

一、国内外估价研究现状

（一）国内研究现状

我国房地产估价理论研究始于20世纪30年代。1930年，章植的《土地经济学》出版；1935年，张辉出版了《上海市地价研究》，同年，高信出版了《南京市之地价与地价税》；1938年，王丙勋出版了《天津市地价概况》；1944年，伊利和魏万尔合著的《土地经济》中译本以及张丕介的《土地经济学导论》、王季深《上海之房地产》等一系列著作相继出版。这个时期主要是在介绍国外房地产经济学理论的基础上，对房地产价格作了初步研究。

新中国成立后，逐步消灭了土地私有制，建立起社会主义公有制。这一时期，人们认为社会主义不存在地租，城市住宅不是商品，因此，房地产业不复存在，房地产价值及价格评估研究也被冷落。

党的十一届三中全会以来，学术气氛逐渐浓厚，学界对房地产价值理论开始探索性研究。1980年，邓小平同志作了住房要改革的批示，房地产价值理论研究与实践探讨开始出现新局面，有关房地产的报刊先后发表了许多有关城市住宅属性、地租等方面的论文。1980年11月，中国土地学会成立，并召开了许多学术讨论会，探讨社会主义地租地价问题。这一时期，以地租地价问题讨论为中心，引发了整个土地价格问题的研究，较普遍地承认了社会主义存在地租，接受了地价是地租资本化这一古典理论，并一致认为应实行土地使用制度改革；以住宅商品化问题讨论为中心，引发了住宅商品化、住房制度改革、房产经济等问题的深入研究，逐步形成了房屋商品化理论体系。1984年12月12日，原城乡建设环境保护部发布了《经租房屋清产估价原则》，这是新中国成立后发布的第一个关于房地产估价的部门规章，规定房屋估价方法为：房屋现值（净值）= 房屋重置完全价值 × 新旧程度，或房屋现值 = 房屋重置完全价值－房屋折旧。对于新旧程度的评定，1984年11月8日发布了《房屋完损等级评定标准》。广州市、抚顺市从1984年起开始征收土地使用费，深圳市、重庆市分别在1985年、1987年开始征收土地使用费。为了科学测定土地使用费标准，上海市于1985—1986年组成课题组，以对级差地租的测算作为制定土地使用费的标准，认为影响企业利润的主要因素是投资和土地，建立了指数模型；北京市于1986年组成课题组，认为影响企业利润的因素主要有土地等级、资金投入量、劳动投入量，建立了多元线性回归模型；宁波课题组也提出了指数模型。

国家土地局选择宁波、南京、大连作为试点，主要借鉴了宁波的做法，使土地级差收益测算又进了一步。自1987年起，我国开始了城镇土地定级估价工作，并且由点到面，由沿海到内地，由大中城市向中心城市逐步进行，以便探索出适合我国当时地价评估的方法。1989年，福建省石狮市土地定级估价中提出了从商业铺面租金中剥离地租推算综合级别基准地价的方法，即铺面租金剥离法。1990年后，又以宁波、南京、大连为试点，提出了从房屋交易价格中剥离地价的方法，即房屋契价测算法，以及联合建房地价测算法、历史地价趋势评估法等多种地价测算法，最后通过分析这些城市地产市场的发育状况，以及对这些试点城市提出的多种地价测算方法的校核、验证和对比，从而探索出适合我国国情的“以土地分等定级为基础，土地收益为依据，土地市场交易价格为参考”的基准地价评估方法。国家土地管理局在总结上述方法的基础上，于1990年颁布了《城镇土地定级规程（试行）》，1993年颁布了《城镇土地估价规程（试行）》。《城镇土地估价规程（试行）》颁布后的四年，我国的《土地估价管理办法》《土地估价管理条例》纷纷出台，土地市场日趋健全和完善，市场交易资料也很充分，这时如果再采用先定级、后估价的方法测算地价，既累赘又使估价结果的精度不够，因此，地价评估逐步淡化土地定级而直接采用市场交易资料评估地价，即以市场比较法、收益法、路线价法为主，其他方法为辅的地价评估法。这种方法在温州、上海等十几个城市试行，实践效果非常好。

1987 年 6 月，上海市颁布了《上海市房屋估价暂行标准》，提出了政策性评估方法和市场性评估方法（成本法、市场比较法、收益还原法、剩余法）。1989 年，中国城市住宅问题研究会（现更名为中国房地产及住宅研究会）成立房地产评估委员会。1989 年 7 月，我国第一家房地产评估机构——深圳市物业估价所成立。1990 年 4 月，我国第一份房地产评估专业杂志《房地产评估》创刊。1990 年，深圳市政府发布了《深圳经济特区物业估价暂行办法》。1991 年，建设部政策研究中心、中国城市住宅问题研究会房地产评估委员会组织的课题“房地产价格评估方法与应用”完成，第一次比较全面地介绍了国外的房地产估价方法：市场比较法、收益还原法、成本法、剩余法、购买年法、路线价法、趋势法。同时，总结了当时我国常用的房地产价格评估方法：计分计点法、重置评估法、土地成本加总法。此外，在房地产开发项目评估方面，介绍了剩余评估法、现金流量评估法和内部收益率法；在房屋租赁价格评估方面，介绍了实例评估法、对照评估法、标准房租增减评估法，同时介绍了土地级差收益测算和高层建筑地价分摊的方法。受当时条件的限制，主要是运用成本法，只有沿海少数大城市开始应用市场比较法和收益法。1992 年 8 月，中国城市住宅问题研究会房地产评估委员会将各地估价理论和实践工作者应用房地产估价方法的论文汇编成册，这时，仍局限在简单的应用与定性分析上。从 1992 年起，北京市研究制定了《北京市房屋重置价评估标准》，在总结当时各地使用的分等定价法、定额核算法、折旧扣除法、分项计价法的基础上，提出了“部件计分法”。这为我国房屋重置价格标准的制定开了定量分析的先河。1992 年 9 月 7 日，建设部颁布了《城市房地产市场评估管理暂行办法》。1993 年 5 月，建设部和人事部共同认定和公布了首批中国房地产估价师 140 名，这立即引起了国内外房地产业内人士的强烈反响。1994 年 4 月 20 日，公布和确认了第二批房地产估价师 206 名。1995 年，首次全国房地产估价师执业资格考试举行，权威的指定辅导教材（共四本）出版，其中，《房地产估价理论与方法》共推介了市场比较法、成本法、收益法、假设开发法、路线价法、长期趋势法等六种估价方法，仍为传统房地产估价方法。我国香港的房地产估价方法承袭自英国，主要采用五种方法：比较法、投资法（即收益法）、承建商法（即成本法）、利润法和剩余法。我国台湾主要使用三种方法：比较法、收益还原法和成本法。在土地估价方面，台湾制定的路线价法则也相当完善。

（二）国外研究现状

英国主要采用五种房地产估价方法：市场比较法、投资法（收益法）、剩余法（假设开发法）、利润法和成本法。早在 1890 年，马歇尔就首次明确提出了收益法，他把利率作为连接价值与收益的纽带，并给出了公式：价值 = 收益 / 利率。发展到现在，收益法逐渐成为房地产估价的三大基本方法之一。至 20 世纪 60 年代前的上百年间，英国经济持续平稳发展，通胀率保持在一个相对较低的水平，传统收益法中的资本化率就是投资收益率。进入 60 年代后，房地产投资的外部经济环境发生很大变化，通胀率大幅提高，业内人士开始深刻反省传统方法的合理性，提出了全风险收益率和收益率逆差的概念。全风险收益率因包含了投资的经营风险、金融风险、变现风险、收益变动风险等各种风险因素而得名。收益率逆差是指房地产投资的期初收益率与金边债券投资收益率相比所出现的倒挂的现象。1959 年，Ellwood 提出房地产的总价值应当反映抵押贷款的价值和权益的价值并发表了 Ellwood 表，将收益法发展到了一个新时期。现在房地产估价领域广为熟知的 Ellwood 抵押收益法，其实是对该法的简化和步骤分解，使之易直观理解，简化后称作 Akerson 简化式。

美国采用三种房地产估价方法：市场比较法、收益法、成本法。美国一般将房产和地产共同评估，尤其是早期对于课税标准价格的评定，各城市的房地产局或课税局，曾动员估价方面的优秀研究人员搜集丰富的实际资料，拟定各种路线价法则，如慎格尔（J. A. Zangerle）在其所著《房地产估价原则》一书中提到，最先使用的深度价值表是 4321 法则。应用 4321 法则估价，简明易记，但因深度的划分过分粗略，所以会有估价不准确或不公平的现象；对于各种深度的宗地估价，最先被承认的法则，是 1866 年纽约市法官霍夫曼（Hoffman）创立的霍夫曼法则。此后，尼尔（Neil）修正了霍夫曼法则，由此创立了众所周知的霍夫曼－尼尔法则，曾在纽约市施行；对于市街地的课税价格评估，其中最著名的莫过于苏马斯（Willam A. Somers）所创造的法则，自 1910 年起在克利夫兰市、圣保罗市、纽约市等大城市进行课税价格的估价实验，并利用旁街增值系数进行估价。同时，又考虑各城市的特殊情况，建立最有效的估价方法，并应用至今。

英国的房地产估价注重经验、艺术，美国则注重技术（公式化）、计量。如美国在运用市场比较法时，将近期的交易信息输入计算机中并采用回归分析法解出所需要的市场决定值进行修正。比如，根据地块大小、居住面积、房间数量、结构设计、建筑材料、车库数量、壁炉、方位等特征，建立回归分析方程，以解出它们与销售价格之间的关系；在运用收益法时，其确定资本化率的方法是采用公式 $R=y-e$，式中 R 为综合资本化率，y 为贴现率（资本加权平均投资回报率），e 为扣除通货膨胀因素后租金每年增长率（即资本增值率）。另一种确定资本化率的方法是投资比例法，即各权益人的投资比重 × 收益率＝加权后的收益率。1987 年，美国的九个主要估价团体联合制定了“专业估价工作统一标准”（Uniform Standards of Professional Appraisal Practice），规定了职业道德标准和最低估价标准。统一住宅评估报告是美国目前最常用的贷款评估表格，要求清楚地确定估价的事项，填写有关事实数据，并用成本法、市场比较法及收益法来进行估价。

德国的不动产评估方法主要有三种：比较法、收益法和成本法。德国的房地产评估价格主要有市场流通值和课税标准价格两种，市场流通值是体现房地产在当前市场条件下的价格，它是由权益或供求关系决定的；课税标准价格实际上是房地产的普通价值，主要是为财产税、地税、工商税、地产购买税和遗产税的征收提供依据。此外，加拿大的房地产评估方法也是三种：直接比较法、成本法和收益法。日本的房地产评估方法主要有三种：成本法、市场比较法和收益法。韩国也于 1972 年建立了“土地评价士”制度。

综上所述，由于各个国家或地区情况不同，房地产估价方法的发展与应用也不同。国际上房地产估价方法可以分为两大类，一是以英国为代表的英联邦国家，采用五种基本方法：市场比较法、收益法、成本法、利润法、剩余法。在进行房地产估价时，注重经验、艺术，注重市场信息，在推算时很少采用数学模型。他们认为，在市场发达情况下，直接根据市场信息估价更为可靠。二是以美国为代表的北美国家，采用三种基本方法：市场比较法、收益法、成本法。在进行房地产估价时，注重技术、计量，注重数学模型，即从投入产出来计算房地产的价值。他们认为，通过建立具体的数学模型来评估更为公平合理，因此要求对一宗房地产的估价尽量同时采用三种方法，以便作出比较分析。

二、理论基础

（一）区位理论

区位理论是指在人类经济社会，事物在地理位置上的分布的相对空间位置。由于土地资源具有稀缺性和位置固定性，因此一般来说处于良好区位的土地就具有更高的价值。因此，区位因素是影响房地产价值的一个重要因素。区位既是地理学的概念，以自然地理位置为依托；又是经济学的范畴，以人类经济活动、经济联系以及人类对经济活动选择和设计为内容。区位的自然地理位置是固定不变的，但由于其他各种区位因子是处于不断变化之中的，而区位也将随之发生变化；同一区位会因区位经济活动类型的差异而产生不同的区位效益，因而区位质量的优劣只是相对意义上的；对于某类经济活动，区位效益的好坏或区位质量的高低因位置不同而呈现一定的差异性。运用批量评估模型建立比价关系体系时，区位因素是影响房地产价格的重要的特征因素之一。

（二）市场供需理论

市场供需理论又称为厂商均衡理论，研究厂商如何在不同类型市场上决定其产品的价格和产量。房地产市场从狭义上定义为房地产交易如房产和土地的出售、租赁、抵押或买卖的专门场所。从实质来看，它是房屋商品交换关系的总和。在我国，以政府部门为主导进行调控和管理、市场供需双方以及中介服务机构组成了我国的房地产市场体系。房地产市场既同一般商品市场有着在商品供需、价格机制等方面的共性，又存在其独特的区位性特征、竞争不充分、交易过程繁杂和供需调节时滞等特性。同时，房地产市场中的重要组成部分——房地产金融市场，是金融市场和房地产市场的交叉部分，随着房地产市场金融工具的创新变化，政府也在不断加强对其的监管力度。房地产市场是房地产供求关系变化的市场，供求关系决定房地产市场价格的变动，因此供需理论是房地产市场分析的基本理论基础。供需是供给和需求的总称，供给是指生产者在一定市场上和某一特定时期内，与某一价格相对应、愿意并且能够供给的商品数量，因此供给是与商品价格紧密联系的。正是由于供给和需求都受价格因素的影响，所以在一个自由竞争的市场上，商品价格要在供给和需求两种驱动力的作用力达到一个平衡点，这个平衡点就是市场均衡价格，在这一点上，商品的供给量和需求量正好相等，这种状态是市场机制自我调节的理想状态。影响房地产供需关系变化的因素很多，如国内外政治经济形势、物价变化、城市规划情况、区域人口状况、居民收入水平、房地产调控政策等诸多因素都会对房地产市场的供需关系产生明显的影响。

（三）替代原理

替代原理也称比较原理，是经济学中以消费者正常和理性的消费行为为基础而形成的基本原理。作为市场中特殊商品的房地产，其价格的形成同样遵循“替代”这一经济学原理。市场上具有替代性的房地产价格形成同样具有趋同性，即同一市场上若同时存在两宗或两宗以上效用相同或相近的房地产时，在市场机制的作用下，其价格是趋于一致或相近的。在现实房地产交易中，任何理性的买者或卖者，都会将其欲买卖的房地产与类似房地产进行比较，买者不会接受比市场上正常价格过高的价格，卖者也不会同意以比市场上正常价格过低的价格成交，众多买方和卖方比较的结果，是使市场上类似房地产的价格相互牵掣，相互接近，从而形成均衡的价格体系。

替代原理是指效用相同或者相近的商品之间具有可替代性。当某一物品奇缺、价格上升时，消费者会倾向于用其他物品来代替该物品，从而使价格低的物品得到效用上的满足。需求在替代物品之间的这种变化，导致效用相同或者相似的商品价格互相牵制影响，最终形成一定的变化一致性关系。从许多房地产产品之间相近、相似和相同的特点来看，房地产是适用替代原理及与之相对应的市场估价法的。房地产产品特别是其中的土地与工业品不同，具有个别性、非均质性。但是，在同一个市场上往往存在着具有相同使用价值和相同质量，即效用相同或相近的房地产，其空间位置相近、类型相似和用途相同，因而具有较大的替代性。与前面指出的同类可替代商品之间价格的趋同性一样，可替代的同类房地产市场竞争的结果，也会使他们的价格趋同或者形成相对均衡和稳定的比价关系。因此，可以根据替代原理，根据同一市场上已经成交的类似房地产价格，经过房地产特征比较，通过适当修正调整后，就可以用已成交的类似房地产价格替代估价对象房地产的价格。

从理论上讲，效用相等的房地产经过市场的竞争其价格最终会基本趋于一致。正是因为在房地产价格形成中有替代原理的作用，所以在进行房地产评估时，评估对象的未知价格可以通过类似房地产的已知成交价格来求取。当然由于在现实交易中存在着交易者的心态、偏好、对市场的了解程度等情况的不同，现实生活中的某一宗具体的房地产交易的成交价格很有可能处于偏离平均市场价格，但是，若存在较多数量的交易范例，则他们的交易价格可以作为平均市场价格的参考指数。这一点是基于“人数法则”，该法则也称人数定律，是随机现象中的基本规律。

替代原理批量评估模型的理论依据，也是不同质的房地产能够融入一个可比价格集合的理论依据。市场中的经济主体都极具理性，都以追求效用最大化为目标。对房地产投资者而言，其行为也是为了满足一定的效用需求，一旦市场上出现了价格不等但是效用相近的多种可选择投资项目，投资者势必会选择价格最低的房地产；反之，当房地产价格相等时，投资者也会选择效用最大的房地产进行投资。也就是说，替代原理会使得效用相同、条件相近的房地产价格总是互相影响、趋于一致，进而使得相同或者相似效用的房地产彼此具有一定的替代性，而待估房地产的价格也就可以通过具有类似效用的近期发生交易的房地产价格来估算。基于市场比较法的批量评估方法的思路由此而来，即利用与待估对象类似的具有替代性的可比实例，来测算待估对象的市场价格。

（四）空间分异理论

空间分异性是一个经典的地理学理论，有人称之为地理学第一定律。地理空间分异实质是一个表述分异运动的概念。首先是圈层分异，其次是海陆分异，再次是大陆与大洋的地域分异等。地理学通常把地理分异分为地带性、地区性、区域性、地方性、局部性、微域性等若干级别。生物多样性是适应环境分异性的结果，因此，空间分异性生物多样化是同一运动的不同理论表述。空间分异性，全称为空间分层异质性（Spatial Stratified Heterogeneity），是指某一属性值在不同区域之间存在差异，例如气候分带、生态分区、地理区划以及各种分类现象。空间分异可用地理探测器 q-statistic 来识别、检验和寻找。

房地产具有空间固定的属性，然而房地产的区位特征、自身属性、建成环境都会使房地产价格有较大差异，所以房地产不具有同质性。理解房地产价格的空间分异特征及影响因素有助于全面理解城市内部社会空间分异特征，引导城市功能区规划，优化房地产建成环境、出行条件，调控不同地区的房地产价格，从而为高效配置城市公共服务设施、科学开发住宅土地资源以及合理实施城市社区治理提供决策参考。

目前，房地产价格空间分异研究多分为分异特征与影响因素两类。其中，房地产价格空间分异特征研究包括采用空间插值分析观察异质性，采用自相关分析得出房地产价格高值和低值区之间的空间相互关系，采用空间趋势面分析房地产价格区域性变化，以及借助分异测度指数和变异函数的分析。在揭示房地产价格空间分异格局形成的原因方面，有学者详细阐述某类单一因素对房地产价格影响机理，这类研究往往关注单一影响变量，对某一潜在因素对房地产价格时空影响有比较深入的分析，如有些学者加入时间维度分析了房价时空动态演变特征，陈金星等发现惠州的景区和公园绿地对商品房的价格影响较为显著，斯子文等发现三甲医院空间布局对住宅价格的空间影响与加权距离的 3 次方有关，有学者发现不同因子对房地产价格影响有空间尺度差异。另一些学者构建模型从社会经济环境、住宅自身属性等条件分析房地产价格空间分异因素，常用地理加权回归模型、空间回归模型、灰色关联模型、特征价格模型等。特征价格模型假设所有潜在影响因素具有同质性，但实际上房地产在不同空间位置具有不同特征价格组合，忽视了空间非平稳性问题。地理加权回归模型（GWR）可揭示空间非平稳性和空间依赖问题。学者们从房地产价格的时空演变规律到影响因素的探讨已经比较深入，并且注意到空间非平稳性的问题，将相关方法用于揭示房地产价格空间分异的研究之中。

（五）预期原理

预期是一种决策，基于对未来的判断，从而决定当前的行为。适应性预期认为经济人的预期建立在对历史事件的反映上，比如说价格预期。

估价方法之一的收益法即是建立在预期原理的基础上的，收益法认为决定房地产当前价值的，重要的不是过去的收益而是未来的收益。虽然过去的收益与未来的价值无关，但过去的收益却是预测未来收益的主要参考依据之一。通俗地讲，收益法的基本原理就是假定估价时点是现在，那么在现在购买一宗有一定期限收益的房地产，预示着在未来的收益期限内可以源源不断地获取净收益，如果现有一笔资金可与这未来一定期限内的净收益的现值之和等值，则这笔资金就是该宗房地产的价格。

三、评估技术

（一）计算机辅助批量评估技术

国际财产征税评估人员联合会（International Association of Assessing Officers，IAAO）于2002年制定《批量评估准则》，其对批量评估的定义为，批量评估是指在给定时间，使用标准方法，采用共同的数据，并考虑统计检验的对一系列房地产进行评估的过程。

国际评估准则IVSC（2005）将批量评估定义为“应用系统的、统一的、考虑到统计检验结果和结果分析的评估方法和技术评估多项财产确定日期价值的活动”，USPAP（2006）中对批量评估也有类似的表述。

批量评估一个重要的特性在于它将大量的计量、统计检验等数学工具纳入评估过程。在应用计量工具（特别是多元回归）的时候，批量评估方法认为所要评估的不动产（财产）的价值受到众多因素的影响，这些因素包括房屋的面积、朝向、建筑结构等，而通过对已有房屋特征数据及价值数据的分析，可以计算出每一个特征对房屋价值的贡献程度（对应于批量评估计量模型中的各个变量的系数值）。在得到计量模型中的各个变量的系数之后，就可以将需要评估的不动产的各个特征输入模型中，从而在一次评估中对多个不动产的价值进行评估。

计算机辅助批量评估法（Computer-Assisted Mass Appraisal，CAMA）是应用统一程序及统计学知识系统的估价大量房产的一种方法。CAMA 评估法一个重要的前提是要建立庞大的数据库并利用事先编好的标准计算机程序进行运算，自动估价并输出最后结果。尽管这一方法于 20 世纪 20 年代在美国就开始运用，但直到 20 世纪 70 年代随着计算机科学的迅猛发展，这一方法才被迅速加以推广开来。CAMA 评估法是以传统的成本法、收益法、市场比较法等估价方法为基础，借助现代计算机强大的储存和运算功能来完成的。与传统的评估方法比较，批量评估方法最大的优点是：批量评估具有快速评估与成本较低的优势，这也是批量评估的初衷。批量评估能够实现低成本、高效率地完成大规模目标资产的价值评估任务。伴随着计算机应用的普及，批量评估近年来实现了快速发展。

在当今的房地产税基评估理论研究中，针对批量评估方法与技术的研究是最多的，批量评估的方法和技术也随着统计学和计算机技术的不断成熟和发展而日新月异。IAAO（2003）系统总结了现有的主流的批量评估方法与技术，比如多元回归分析法（Multiple Regression Analysis，MRA）、时间序列法（Time Series，TS），以及后续发展起来的适应性估价技术（Adaptability Evaluation Procedure，AEP）、人工神经网络（Arificial Neural Network，ANN）、粗糙集理论（Rough Set Theory，RST）、模糊算法（Fuzzy Logic，FL）、自组织映射法（Self-Organizing Map，SOM）等。

1. 多元回归分析法

多元回归分析方法是根据变量之间的价值关系，建立房地产价格与其影响因素的模型，然后采用恰当的回归方式获得影响因素与房地产价格的关系，由于多元回归技术已经十分成熟，模型的操作性较强，而且回归结果易于解释，该方法是目前应用最广泛和最经典的方法。

根据模型假设条件的不同，多元回归方法也有经典多元回归和非经典多元回归之分，非经典多元回归方法在模型假定上比经典多元回归更为宽松。

（1）经典多元回归分析方法

经典多元回归分析方法对数据特征的要求比较严格，比如变量满足经典假设中的独立抽样，误差项是球形扰动分布（独立性和同分布性），误差项服从正态分布，无多重共线性等。满足以上假设条件的线性回归模型，通常可得到模型的最优线性（如果模型是线性）无偏估计量。

多元回归分析方法根据模型的设定形式不同，分为线性回归和非线性回归两种，目前应用最广的是线性回归分析方法，该方法是在模型设定为线性形式的前提下，采用经典的 OLS 回归方法估计模型参数。非线性多元回归在模型设定形式上比线性回归方法更为灵活，Ward 和 Steiner 的研究表明在 CAMA 系统中非线性回归方法比传统的校准技术更具优势。但实践中，线性回归和非线性回归方法并无绝对的优劣之分，两种模型表达的变量含义不同，模型形式不同，一方面如果变量关系确实是线性，那么采用非线性的模型形式显然多余，而且增加了估计的难度；另一方面非线性模型的形式比线性的更为复杂，即便其校准得到的结果比线性回归好，估计过程中所增加的经济成本是否超过由此带来的收益。

根据模型的假设条件，经典多元回归模型表述为

$$y=X\beta+\varepsilon$$

式中：y——交易价格（买卖价格或租金等）；

X——是包含常数项在内的影响房地产价格的属性变量；

β——为对应变量的系数；

ε——为满足独立正态同分布的干扰项变量。

上述模型为经典的多元回归模型，该模型只需采用 OLS 估计方法进行回

归即可。

（2）非经典多元回归分析方法

模型的 OLS 回归方法应用广泛，但是没有考虑样本的空间相关性和空间异质性，如果房地产属性变量与房地产价格之间的关系存在空间溢出，或变量关系随样本的空间分布而变动时，传统模型的回归结果将有偏，甚至有误，不能直接用于回归结果的推断（Anselin, 1988）。因此，Anselin 等（1988）提出了处理变量空间相关效应的空间自相关模型，Brunsdon 等（1996）则提出处理空间异质性的地理加权回归模型（Geographically Weighted Regression，GWR）等。

根据空间自相关形式的设定不同，空间自相关模型包括空间滞后模型和空间误差模型。空间滞后模型的表达形式如下：

$$y=\lambda Wy+X\beta+\varepsilon$$

式中：W——$N\times N$ 的空间权重矩阵（通常采用 0-1 表示的空间相邻矩阵，如果两个样本空间相邻，则对应的空间权重矩阵值为 1，否则为 0）；

λ——空间自相关系数，用于测度邻居样本的价格对观测样本价格的综合影响。

MRA 方法在批量评估中的重点应用对象是房地产特征价格模型，该模型不仅需要满足多元回归模型的基本假设，还需要假设市场无摩擦、消费者和生产者理性等。其标准做法是先建立房地产特征价格线性模型，然后采用 MRA 方法，分离出模型中解释变量对被解释变量的影响系数，最后再利用这些系数估计不同房地产价格。但是基于 MRA 的特征价格模型法并不适用于所有形式的房地产，因为特征价格模型难以包括所有可能影响房地产价值的因素，而且有些房地产类型的数据无法获得，难以保证数据的详尽（Tom and Maurizio，2008）。

2. 时间序列法

多元回归方法和 AEP 方法通常都需要大量的样本，而且样本量越大，由两种方法所得结果可能越为有效。但如果所得截面样本数据量较小，或对某个房地产价值进行历史趋势的拟合时，多元回归方法可能并不理想，此时可以采用时间序列分析方法。

时间序列方法假定经济和社会现象的产生都具有周期性（历史是会重演的）、延续性和随机性，即事物的发展都具有某种规律，因此可以通过历史来预测未来，但同时又受到一些随机因素或外生冲击的影响，为了更准确地预测事物的未来状况，就需要采用恰当的技术，以剔除随机因素对预测的影响，从而尽可能地保证预测的准确性。

总体而言，房地产评估工作中主要涉及以下四个时间序列方法（IAAO 2003）：

（1）对单位价值的评估

长期跟踪单位售价随时间出现的变动（比如住宅房地产每平方英尺的售价），虽然该方法很容易理解，也容易操作，但该方法无法解释其他变量对价值的影响，比如特征变量中的楼龄、建筑质量等。

（2）对重复销售的分析

该方法用于研究在给定时间内出现重复销售的对象，此时的价格变动通常转换成月度变动和平均（或中位数）变动。由此可知，重复销售样本量越多，对变动比率测度的结果越可信。当然，如果重复销售反映的是包含大量建筑物的房地产，则可能会过高估计变动比率。

（3）销售、评估价的比率趋势分析

该方法包含跟踪某一共同时期销售价格和评估价格比率的变动，该方法的结果和单位价值评估一样，可以通过图形和统计分析表示出来，而且比单位价值评估具有更多的优势，该方法可独立出时间趋势，因为该方法解释了大部分价值的影响因素。

（4）销售比较模型中设置时间变量

时间因素可以直接包含在模型当中，比如 AVM 模型，从而挖掘评估时期内房地产价格的变动比率。这通常是最精确的方法，但是建模者需要很小心，因为时间变量是特定的，因而模型的估计系数必须反映对应评估时期的情况。

时间序列方法在以上的（1）～（3）三种情形中的应用更像统计分析，而不是类似于情形（4）的回归分析，因为在回归分析中往往需要保证数据的平稳性，而不平稳的时间序列数据往往限制了回归分析的应用。

（二）遥感与定位技术

近年来，国家行业部门和地方政府对遥感应用的需求越来越迫切，遥感应用在行业管理、地方区域经济发展中的作用越来越大，正在向体系化、产业化发展。遥感卫星数据产品目前广泛应用于我国农业、林业、水利、国土资源、城市规划、环境保护、灾害监测和国防建设等众多领域，在作物估产、墒情监测、林业资源调查、灾害监测与灾后评估、生态环境变化监测等许多方面发挥了巨大作用，取得了显著的社会经济效益。

在城市建设过程中，为了利益，一些不符合城市规划的未登记房地产也开始慢慢出现，之前查处未登记房地产大多都是通过执法人员巡视或群众举报发现，不仅费力而且具有很大的偶然性。随着规划执法力度的加大，未登记房地产为了防止被发现也变着花样“藏身”，为城市规划执法带来很大的难度。将遥感技术应用于城市规划执法中为解决这一问题提供了很好的契机。基于知识算法的影像自动识别技术可以快速、大范围地判读目标地物，解决了传统人工判读方法对大量的目标影像难以进行及时处理这一问题。

将遥感影像自动识别技术应用于城市规划执法中研究的目的与意义，概括起来包括以下几个方面：

（1）为规划、执法部门提供有效的技术支持，建立发现未登记房地产的另外一个渠道，完善未登记房地产的“发现机制”。

（2）节省大量人力物力、避免许多因人为因素所带来的徇私舞弊问题。

（3）能够有效地阻止城市中违法违章建设的不良风气，促进城市总体规划的贯彻落实，同时建立城市空间数据库，为城市的进一步发展规划和处理城市紧急情况提供准确、快速的空间信息支持，为城市的整体规划和建设提供强大的技术支持。

（4）可以实现大范围、可视化、短周期的动态监测，具有很强的现势性，可以快速准确地执法，提高执法效率，为城市总体规划的顺利进行提供强有力的保障。

（三）地理信息技术

GIS 应用于房地产估价中主要有以下特点：

地价信息向社会公示，有利于促进和加强政府对城市土地价格的管理，提高地价评估专业机构评估地价的科学性和客观性，有利于房地产开发企业进行房地产开发投资的科学决策和老百姓进行房地产交易的明白消费。

房地产信息发布需借助一定的载体，如广播、电视、报刊、互联网。而通过互联网发布房产信息更符合现代信息社会发展的要求，是房地产评估适应信息时代要求，实现信息化、自动化、集成化、智能化的重要技术手段。

房地产估价涉及土地价格、业主的经济收益、建造费用、时点性、区域性等多种因素的制约。基于土地价格的动态性，城市地价形成和影响的作用机制与因素的变化，必然要求对房产信息适时更新并及时发布。

估价过程自动化、网络化。房地产自动化估价系统的开发、网络评估（远程估价）的建立和应用，使得计算机自动估价成为可能。通过计算机从物业档案和交易案例数据库中调用与待估房地产相关的数据进行分析，在很短时间内实现住宅物业的自动估价。GIS 自动估价的准确与否取决于市场资料的获取，网络技术可以达到对市场数据的收集和归类，使数据库信息动态反映房地产市场状况。由此，在房地产市场日益成熟、规范的前提下，实现自动化估价既可以帮助估价师大大提升专业判断和表现能力，又可以满足消费者的需求。

基于 GIS 的房地产估价方法把定量和定位结合起来，既准确地估算了房地产的价格又能显示房地产的空间位置。基于 GIS 的房地产估价方法是指在 GIS 数据库的基础上建立估价模型，对房地产进行估价并用图形或图像方式输出估价结果的估价方法。房地产估价分为以下几个步骤阶段：收集资料，建立信息数据库，选择估价方法，用多种方法具体估价，比较分析估价结果。

GIS 房地产自动估价系统可成功地将地理信息系统（GIS）与物业估价相结合，以独一无二的直观性、实时性、自助性和客观公正性，彻底实现了足不出户即可完成如估价报告、策划调研、研究数据收集、个人理财等一系列活动和工作。它既是房地产专业人员便利的必备工具，也是普通市民贴身的地产顾问。可进入该系统进行住宅物业自动估价自动生成评估报告；查询物业信息；查询历年来的住宅物业、写字楼物业、商业物业以及土地市场交易等案例。

（四）房屋价格指数

目前，中国的房地产处于高速发展时期，全国的房地产市场价格变化速度较快，特别是在经济发达的地区。在实际评估时，为了修正到估价时点，估价师应用目前市场上公布的中房指数、二手房指数对房价进行必要的修正时，经常发现修正价格与实际价格存在较大差异。现在评估行业所普遍面临的重要问题之一就是如何在市场上寻找到一个更适用的公开房产交易信息平台和指数产品。

随着房地产市场的快速发展，力图反映市场走势的各类指数也日益增多，除较早的中房指数、国房指数外，还出现了上海、深圳、沈阳等许多地方指数以及证券公司、银行等推出的地产指数，甚至也有媒体推出了房地产指数。一时之间，指数好像成了把握市场的良药。事实上，目前国内大多数指数体系不论是在理论架构或实践应用等方面都处于起步阶段，在样本数据的取得、指数公式的选择、指数的具体测算以及指数的应用等方面都存在着这样或那样的问题。

在一些经济发达、房地产市场成熟的国家或地区，已较早地涉足房地产价格指数这一领域，并积累了较为丰富的经验。在这些成熟的市场，一般存在四类房地产价格类的指数：

（1）全国性的官方指数。对于城市房地产市场来说，基本上有三个全国性价格序列：中国国家统计局（NSB）发布的房地产价格指数、土地价格指数，还有 NSB 分支机构公布的名义建筑材料价格。这些指数直接从国家统计局获取数据，比较宏观，目的是对中国的整体房地产市场进行了解，指导中央和地方政府对房地产市场的宏观调控。

（2）媒体提供的指数。这一类指数一般由媒体和网站完成并发布，按照不同城市进行编排。但是由于这类指数往往在样本的选取、计算过程和结果的透明程度方面存在一定问题，影响最终结果的可信程度。

如中房上海住宅指数的样本选取量较少，人为的主观因素很多，有时也会受到某些商业因素的影响，相比同期的新房涨幅，该指数在应用中被证实不能准确地反映市场客观情况。举例来看，2003年4月中房上海住宅指数为911点。2005年2月中房上海住宅指数为1376点，反映出上海房价增长了76.8%。而根据对房地产价格变化的实际情况了解，在这段时间内，上海的房价平均涨了一倍（有些地区涨幅更高），也就是100%。这种差异的形成应该是由其指数理论和应用模型等内在原因造成的。

上海二手房指数的样本选取带有一定的主观性和局限性，50家中介公司的数据不能代表全上海的特征。反映在数据上，如2001年11月30日起的基点为1000点，而到2005年2月指数也才只有1611点，这61%的涨幅与上海市近几年来房价上涨将近两倍的情况相去甚远。

（3）房地产中介公司提供的指数。如贝壳、中原、21世纪不动产等公司也推出房地产指数，由于样本量局限于自己公司，一般不具备普遍的代表性，其目的主要还是市场推广和品牌的树立，对专业评估机构的适用性较差。

（4）中国房地产市场中立机构提供的指数。中国目前比较欠缺此类指数。从国外的情况看，往往由市场研究公司或者协会提供，他们能够综合各类市场情况，选取具有代表性的样本，做出有实际意义的指数体系。既能给买房者起到指导作用，也能用于对市场价格变化的定量判断。

房地产市场目前还没有专门用于房地产评估的，能够及时、客观地反映市场情况的指数。随着房地产评估的发展成熟，以及征收物业税提上日程，房地产评估行业急需可以专门用于房地产评估领域的市场价格指数。

从国外的经验来看，成熟的指数符合以下条件：

（1）采样数据的样本基础大，公开性、时效性、代表性强；

（2）指数系统的所有计算过程完全透明，数据筛选和分析具有合理性；

（3）符合房地产评估应用的要求，充分反映市场整体房地产价格走势，能够定量分析市场的变化；

（4）结构开放，使用不同的数据集合如挂牌价、成交价等，均可得出相应指数，并且整个系统提供许多相应计算工具的应用条件说明，可以方便地用于房地产评估领域。

一套成熟的指数体系对各类机构和个人都将有很大意义：

（1）反映市场走势。价格指数可以反映重要城市的房地产市场整体行情变化，也可以反映出不同物业类型变化情况。指数变动可以清晰地描绘出市场发展的周期轨迹，甚至可以预测未来市场走势。由于房地产市场是整个国民经济的重要组成部分，房地产指数的变化轨迹，也往往能够反映宏观经济的状况。正是由于指数具有深刻把握市场的能力，对管理、投资、中介服务等能够产生重要指导作用，才能够成为研究市场的重要工具。

（2）指导业界活动。各级政府可以利用指数了解全国房地产业发展状况和行业结构，从而为调控全国各行业结构和引导行业发展服务。同时，通过城市指数，各级政府还可以了解各地房地产的供求情况，并通过各地指数的对比，了解各地房地产业的发展水平，为调整房地产业的地区结构提供参考。另外，各级政府也可以通过地区房地产指数与其他行业发展水平的对比，掌握其行业的均衡发展的情况。对于地方政府管理部门，除了对行业发展速度进行调控外，还可以通过与各地指数的对比，了解本地房地产业在全国房地产市场中所占的地位，更好地做好本地房地产业的发展决策。

对投资商，房地产指数可以使他们及时了解中国房地产业的整体状况和内部结构及其发展状况，提高其投资时机、投资结构的决策准确程度；中房城市指数可以使他们了解到各城市房地产市场的不同供需状况，在地点选择和物业选择上为之提供帮助，减少投资风险；通过中房指数的动态比较，可以更好地判断房地产发展所处的周期性阶段，以把握市场形势，决定或调整投资时机。

对房地产中介咨询服务业，各类房地产指数可以为之提供咨询的参考，提高咨询机构对市场发展变化的科学预见和判断能力，有利于房地产投资服务业的健康发展。

此外，房地产指数还能为消费者购房决策提供区位、时点选择的帮助，为其他经济研究机构、科研人员提供有效的信息及分析工具。

（3）作为市场研究的工具。房地产市场在国民经济中具有举足轻重的地位，对房地产市场发展状况及趋势的把握，不仅仅是房地产业界人士的需求，更是所有关注国民经济人士的需求。房地产指数为市场研究提供了最为重要的工具，指数的变动轨迹不但能够清晰地反映出市场发展的周期轨迹，是经济周期研究的重要依据，也是进行经济景气状况分析与预警研究的基础。

（4）推动形成地价指数，用于物业税评估。首先，目前中国房地产市场经过大规模建设期后，存量房市场已逐渐成为市场交易的主流，存量房市场的各类指数必将会建立并逐渐完善。其次，由于目前房地产一级市场，即土地使用权市场规范程度较低，信息透明度较差，除城调大队编制的35个城市同比指数中包括地价内容外，国内房地产市场还缺少完善的地价指数系统。最后，随着经济的发展以及人口流动性增加，各类物业的租赁市场必将扩大，租赁价格的变动也将成为经济状况、就业、人口等研究的重要指标，租赁价格指数体系也必将会得到完善。

第五章　房地产评估方法

一、市场法

市场法也称市场比较法、现行市价法。它是指在对估价对象计算其价格时，将估价对象与在较近时期内已经发生了交易的类似房地产加以比较对照，从已经发生了交易的类似房地产的已知价格，修正得出估价对象房地产的价格的一种估价方法。这里所谓类似房地产，是指在用途、建筑结构、所处地区等方面，与估价对象房地产相同或相似的房地产。市场比较法是房地产估价最重要、最常用的方法之一，也是一种技术上成熟、最贴近实际的估价方法。

（一）市场法的理论和公式

市场法的理论原理是经济主体在市场上的一切交易行为总是要追求利润最大化，即要以最少的费用求得最大利润，因此在选择商品时都要选择效用高而价格低的，如果效用与价格比较，价格过高，均会敬而远之。这种经济主体的选择行为结果，在效用均等的商品之间产生替代作用，从而使具有替代关系的商品之间在价格上相互牵制而趋于一致，这就是替代原则。市场比较法就以这一原则为依据。因为有这种替代原则的作用，就可以用类似土地的已知价格，比较求得未知待估土地的价格，得到估价结果。从土地交易过程来看，从事土地交易时，当事人会依据替代原则，将拟交易的土地价格与类似土地价格比较，然后决定是否进行交易，所以市场比较法是符合当事人的现实经济行为的。

市场法基本公式：$V=VB\times A\times B\times D\times E$

式中：V——待估房地产价格；

VB——比较实例价格；

A——待估房地产情况指数 / 比较实例房地产情况指数 = 正常情况指数 / 比较实例房地产情况指数；

B——待估房地产估价期日价格指数 / 比较实例房地产交易期日价格指数；

D——待估房地产区域因素条件指数 / 比较实例房地产区域因素条件指数；

E——待估房地产个别因素条件指数 / 比较实例房地产个别因素条件指数；

（二）市场法的主要分类

市场法中的直接比较法是指利用参照物的交易价格及参照物的某一基本特征直接与评估对象的同一基本特征进行比较而判断评估对象价值的一类方法。它包括但并不限于以下具体评估方法（具体方法的名称可能并不完全统一）。例如，现行市价法、市价折扣法、功能价值类比法、价格指数调整法、成新率价格调整法等。

（1）现行市价法。当评估对象本身具有现行市场价格或与评估对象基本相同的参照物具有现行市场价格的时候，可以直接利用评估对象或参照物在评估基准日的现行市场价格作为评估对象的评估价值。

（2）市价折扣法。市价折扣法是以参照物成交价格为基础，考虑到评估对象在销售条件、销售时限等方面的不利因素，凭评估人员的经验或有关部门的规定，设定一个价格折扣率来估算评估对象价值的方法。用数学式表达为：

资产评估价值 = 参照物成交价格 ×（1 －价格折扣率）

（3）功能价值类比法（类比估价法）。功能价值类比法是以参照物的成交价格为基础，考虑参照物与评估对象之间的功能差异进行调整来估算评估对象价值的方法。根据房地产的功能与其价值之间的线性关系和指数关系的区别，其计算公式分别为：

①房地产价值与其功能呈线性关系的情况，通常被称为生产能力比例法：

房地产评估价值 = 参照物成交价格 × 评估对象生产能力 / 参照物生产能力

②房地产价值与其功能呈指数关系的情况，通常被称为规模经济效益指数法：

房地产评估价值 = 参照物成交价格 ×（评估对象生产能力 / 参照物生产能力）

（4）价格指数调整法（物价指数法）。价格指数调整法是以参照物成交价格为基础，考虑参照物的成交时间与评估对象的评估基准日之间的时间间隔对房地产价值的影响，利用价格指数调整估算评估对象价值的方法。

（5）成新率价格调整法。成新率价格调整法是以参照物的成交价格为基础，考虑参照物与评估对象新旧程度上的差异，通过成新率调整估算出评估对象的价值。其计算公式为：

资产评估价值 = 参照物成交价格 × 评估对象成新率 / 参照物成新率

直接比较法直观简洁，便于操作，但通常对参照物与评估对象之间的可比性要求较高。参照物与评估对象要达到相同或基本相同的程度，或参照物与评估对象的差异主要体现在某一明显的因素上，如新旧程度或交易时间先后等。

（三）市场法的特点和适用条件

在特点方面，市场比较法具有现实性，有较强的说服力；市场比较法以替代关系为途径，所求得的价格称“比准价格”；市场比较法以价格求价格，在不正常市场条件下难以与收益价格相协调；市场比较法需要估价人员具有较高素质；市场比较法以替代原则为基础，正确选择比较案例和合理修正交易价格是保证评估结果准确性的关键。

在适用条件方面，市场比较法需要市场比较稳定且有大量丰富交易案例的地区，并且交易案例与待估地块应有相关性和替代性。具体有四点：一是有足够数量的比较案例（不少于 3 个）；二是与待估房地产具有相关性和替代性；三是交易资料的可靠性；四是交易合法性。市场法很少应用于特殊用途房地产评估，因为在给定的市场中，即使市场的地域范围很大，也几乎没有类似房地产交易，如特殊工业厂房、学校教学楼、古建筑、教堂、寺庙、纪念馆等。

（四）市场法的评估程序

（1）搜集房地产交易资料，包括房地产成交、待售、卖方出价、买方出价等方面的信息，目标是找到一组与评估对象尽量相似的可比交易实例。

（2）选取可比交易实例。验证所得资料的真实准确性，确认交易能反映正常市场条件，对所搜集的资料进行筛选，从中选出与评估对象具有较强可比性的交易实例。

（3）对可比实例价格进行修正，包括可比实例价格换算和价格修正，价格换算即建立价格可比基础，价格修正即对影响可比实例与评估对象之间价格差异的因素进行量化和修正。

（4）确定评估对象价值。把得到的多个可比实例比较分析和修正后的价格进行技术处理，确定被评估房地产的最终评估结果。

二、收益法

收益法，也称收益资本化法、收益还原法，是房地产评估中常用的方法之一。收益法是预计估价对象未来的正常净收益，选择适当的报酬率或资本化率、收益乘数将其折现到估价时点后累加，以此估算估价对象的客观合理价格或价值，预测估价对象的未来收益，然后利用报酬率或资本化率、收益乘数将其转换为价值来求取估价对象的价值的方法。

收益法主要运用于有收益的房地产的价值评估，房地产的收益性体现在两个方面：一是现实存在的有收益性的房地产，例如正在经营的商店、宾馆，已出租的房屋等；二是存在有潜在性收益的房地产，例如一块将产生预期收益的空地，新建的还未出租或经营的房地产，这些都属于没有现实收益，但有潜在收益的房地产。

（一）收益法的理论和公式

收益法的理论依据为效用价值论，认为房地产的价值在于该房地产未来所带来的收益。收益法本着收益还原的思路对房地产进行评估，即把房地产未来预计收益还原为基准日的资本额或投资额。具体评估办法是通过估算被评估房地产在未来的预期收益，并采用恰当的折现率或资本化率折现成基准日的现值，然后累加求和，得出房地产评估值。假设评估基准日为年初，则它的公式为：

$$P=a_1/(1+r_1)+a_2/(1+r_1)(1+r_2)+a_3/(1+r_1)(1+r_2)(1+r_3)+\cdots+a_n/(1+r_1)(1+r_2)(1+r_3)\cdots(1+r_n)$$

式中：P——房地产价格；

a_i——房地产在未来的第 i 年的净收益；

r_i——房地产在未来 i 年的还原利率；

n——房地产的有效收益年限。

从上面的公式可以看到：房地产的价格和其收益年限、预期的净收益、还原利率密切相关。同时可见，房地产不但每年净收益 a_n 经常变化，还原利率也不是一个常量。所以，上述公式只有理论分析上的意义，实际估价中无法操作。因此，在评估实务中对净收益的确定常会依据具体情况做出一定的假设，形成较为简化的数值。《房地产估价规范》（GB/T 50291—1999）中将还原利率调整为一个恒值，简化其测算。

（二）收益年限的确定

收益年限是估价对象自估价时点至未来可以获得收益的时间。一般情况下，估价对象的收益期限为其剩余的经济寿命。对于单独土地和单独建筑物的估价，应分别根据土地使用权年限和建筑物耐用年限确定未来可收益的年限；对于房地合一的估价对象可依据土地剩余使用年限与建筑物耐用年限孰短的原则来确定未来可获利年限。但如果一宗房地产拟在持有一定年限后进行出售或其他处理，评估的收益年限则为其准备的持有期间。房地产的收益年限一般较长，一般都有几十年。因此，在评估实务中估价人员常假设估价对象经营数年后将其转让来缩短收益年限，以利于更准确地选取预期净收益和还原利率，从而提高评估结果的准确性。在理论中还存在收益年限为无限年的情况，现实的房地产一般不存在。收益为无限年的情况下，房地产评估出的估价对象的价值一般会较高，在实务中可用它来验证其他年限评估出的房地产价值是否偏高。

（三）预期收益的预测与确定

房地产预期收益应该是净收益，是房地产预期收入扣除预期相关费用后的净额。预测净收益要收集各种房地产市场现状、国家政治经济形势、政策规定等内外部环境信息。在确定净收益时，必须注意房地产的实际净收益和客观净收益的区别。实际净收益是指在现状下被评估房地产实际取得的净收益。实际净收益由于受多种因素的影响，通常不能直接用于评估。因为在评估时点被评估对象的实际净收益是由多种因素共同作用的结果，这些因素有些是一次性的、偶然的，若不给予扣除就容易引起收益预测失真。这些因素不复存在后，若仍不把房地产的评估时点的收益加以调整而直接作为预期收益的基础就会造成预测的收益不准确。所以，预测房地产净收益的基础是实际净收益中扣除属于特殊的、偶然的因素后的一般的正常净收益，即客观净收益。

在确定房地产净收益时，不同收益类型的房地产可能应考虑其收益的特性。例如，出租性房地产在测算其收入租金时，要注意到租约条款的影响。租约条款中如租赁期限、递增的租赁费用、额外的补偿费用和关于租约更新的规定等都将影响该房地产的预期收入。租金有可能是纯粹的，由承租人负责纳税、保险费以及支付维修费用等各项费用。对于租约中规定采用固定租金的房地产，一般在其租赁期内采用租约租金，其余受益年限的租金收入则可按以上介绍的思路进行测算。对于租约中规定采用浮动租金的，整个收益期的收入测算均适用以上方法。对于商业经营性房地产和生产性房地产应扣除其正常的经营利润，房地产净收益中不应包括房地产以外其他投资应分配的净收益。

净收益的确定还会因对哪些费用项目应扣除的处理不同而产生偏差。一般对于折旧费与土地摊提费和利息的争论较大，以下对这两项进行分析：

（1）关于折旧费和土地摊提费。这里的折旧费用指会计上计提的折旧费，它不包含房地产在使用期间的修理费。它也不是通常评估理论中提到的物质折旧、功能折旧、经济折旧的估算值。土地摊提费是一次性支付的土地出让金在土地使用年限内的摊销，由于房产和地产不可分离，在会计处理上一并计入建筑物的成本。在传统评估中一般将其作为费用扣除，这是不合理的，把房地产看成一项投资，那么它每年的净收益就应该为净现金流量，公式为：净现金流量＝资本产出＋资本回收。公式中资本产出就是投资房地产的时间价值的体现，资本回收就是房地产所提取的折旧和土地摊提的费用部分。当房地产收益年限为有限期 n=1 时，收益法公式为 $p=a/(1+r)$，$a=p(1+r)=p+pr$。由此可见，净现金流量（纯收益）包括 p（资本回收）、pr（资本产出）两方面内容，其中，折旧和土地摊提费作为了净收益的一部分，而不能作为费用扣除。

（2）关于利息。实际估价中一般把利息作为投资成本的一部分扣除。也有人提出不扣除，其理由是投资者之所以要选择投资房地产是因为房地产未来的收益大于银行存贷款利息，正是因为如此投资者才愿意从银行贷款或牺牲银行存款利息来投资房地产。无论是贷款资金还是自有资金的利息都应作为投资收益的一部分。但我认为，净收益一般可以用净现金流量表示，而净现金流量＝现金流入－现金流出，利息的支付确实导致了现金的流出，应作为费用扣除。但这里的利息费用是指因为融资负债而实际支付的利息，对于自有资金产生的机会成本损失不算作利息作为费用扣除。自有资金的机会成本损失在还原利率中给予考虑，因为它并未导致所有者的现金流出。

（四）还原利率的确定

还原利率对评估结果仍比较敏感，还原利率在评估实务中调整为一个恒值后，较易操作。还原利率的实质是一种投资的收益率，它应等同于获取估价对象房地产具有相同风险的资本的收益率。还原利率的影响因素有很多，如房地产市场风险的高低、银行存贷款利率、投资者的风险承受能力等，在确定还原利率时都应加以考虑。

还原利率的确定有多种方法，建议在估价时采用至少两种方法综合考虑得出最终结果。在建设部的《房地产估价规范》（GB/T 50291—1999）中提出还原利率的确定的四种方法给评估人员指导。这四种方法为：市场提取法、投资报酬率排序插入法、安全利率加风险调整值法、复合投资收益率法。

（1）市场提取法。该法通过收集市场上三个以上相同或相似房地产的净收益、价格等资料，再根据相应的收益法公式反求还原利率。如，当被估房地产的净收益每年都相同，则它适用公式 $p=A(P/A, r, n)$，A 为年金，$(P/A, r, n)$ 为年金现值系数，求还原利率则依据以下步骤进行。首先，算出年金现值系数 $(P/A, r, n)=P/A$ 后，查年金现值系数表，若能在表上恰好找到等于上述系数的现值，则该数对应的折现率即为所求的还原利率；若找不到，可利用系数表上同期略大于及略小于该数值的两个临界值 c_m 和 c_{m+1} 对应的两个折现率 r_m 和 r_{m+1}，求出还原利率 r，即 $r=r_m+(c_m-c)/(c_m-c_{m+1})\times(r_{m+1}-r_m)$，最后确定估价房地产的还原利率时一般选用 3 宗或 3 宗以上的可比实例的还原利率求它们的算术平均数或加权平均数。

该法在评估中已收集较多案例的情况下一般都能适用。但对于各个案例选用时要注意选取那些与估价对象净收益求取方式相同或相似的。在可比案例较少时，可将其他案例的售价、收益、费用、融资状况、销售时的市场条件、产权情况等资料进行修正。

（2）投资报酬率排序插入法。该法将社会上各种类型的投资及其收益率找出，将其收益率从低到高顺序排列，制成图表，再将估价对象房地产的投资进行比较，考虑投资的风险性、流动性、管理的难易程度及资产的安全性，找出同等的风险投资，判断还原利率应该归入的范围，从而确定出要求取的还原利率。相关类型的投资有银行存款利率、政府债券利率、公司债券利率、股票报酬利率等。但现实中待估房地产到底应在序列排序中插在哪里还是具有较大的主观性的。房地产收益类型不同，其要求的收益率和能够获得的收益率也不同。估价人员要有较多评估此类房地产的评估经验才较易得出准确性较高的还原利率。

（3）安全利率加风险调整值法。该法以安全利率加上风险调整值作为资本化率。安全利率可选用同一时期的一年期国债年利率或中国人民银行公布的一年定期存款年利率，但若在利率政策不稳定的情况下，安全利率不适合采用银行一年定期存款利率。因为利率近期内调整则还原利率将变换好几次，所评估的房地产价格将相差很大。风险调整值应根据估价对象所在地区的经济现状及未来预测、估价对象的用途及新旧程度等确定，在求取纯收益时，对风险的分析都在此给予量化。

（4）复合投资收益率法。该法将购买房地产的抵押贷款收益率与自有资本收益率的加权平均数作为资本化率，按下式计算：

$$R=MR_m+（1-M）R_e$$

式中：R——资本率（%）；

M——贷款价值比率（%），即抵押贷款额占房地产价值的比率；

R_m——抵押贷款资本化率（%），即第一年还本息额与抵押贷款额的比率；

R_e——自有资本要求的正常收益率（%）。

从公式中可以看出，总投资中自有资金和贷款资金比例的变化将会得出不同的还原利率。评估具体操作时，一般依据目前购买房地产的通常做法，通常抵押贷款占七成，自由资本占三成，贷款的年利率可以依据估价时点中国人民银行公布的利率，自有资本要求的收益率依据房地产有效需求者的大众心理价位确定。

三、成本法

成本法是测算估价对象在价值时点的重置成本或重建成本和折旧，将重置成本或重建成本减去折旧得到估价对象价值或价格的方法。成本法也可以说成是将房地产开发过程中的开发成本、建设费用、管理费用等必要支出价格的汇总，组成房地产价值或价格方法。该方法适用于很少发生交易限制了市场法运用，又没有经济或没有潜在经济而限制了方法运用的房地产。

成本法不同于收益法，可以评估不以营利为目的或没有经济利益或潜在经济利益的房地产；同样也异于市场法，不需要有相似的可比交易。成本法适用如下：（1）将要开发或是新开发的房地产；（2）公益或是公用为目的的房地产，例如公园、医院等；（3）设计独特或是针对特定使用的房地产，例如工厂、机场等；（4）处于保险和损害赔偿状况下的房地产。

（一）成本法的基本公式

成本法是站在购买者的角度，重新构建房地产评估值，是投资者从获取土地开始购买到房屋出租出售过程发生的必要支出、税费和开发利润的总和。

公式一：房地产价格 = 土地取得成本 + 建设成本 + 管理成本 + 销售成本 + 投资利息 + 销售税费 + 开发利润

房地产评估通常是将房屋和土地分开评估，评估过程也是由专门的评估师分别完成的。土地价值的公式将建设成本扣除，土地是不需要建设的，所以建设成本是属于房屋价值的，同理，土地取得成本不包括在房屋价值中。土地价值计算时，还应注意，实际中取得的土地不能直接使用，开发土地的成本也应计入土地价值中。

公式二：建筑物价格 = 重置价格－建筑物折旧

建筑物折旧 = 物质折旧 + 功能折旧 + 外部折旧 = 折旧 ×（1 －成新率）

即：建筑物价格 = 重置价格 × 成新率。

（二）成本法的房地产评估程序

第一步，了解评估对象的价格构成以及收集基本信息，例如房地产买价和税费，房屋的使用状况等；第二步，测算重置成本或重建成本，重置成本是房地产设计、规格等通过改进、更新之后评估的价值，由于评估时是预估，通常会选择相同效用的全新建筑物作为参照评价。重建价格是将评估对象所用的相同材料等进行类似复原所用的成本（两者都要满足参照物与估价对象在价值时点、国家制度和市场环境相同）；第三步，测算折旧，通过引起折旧的原因，进行同类汇总，分别测算折旧额；第四步，计算成本价值，重置成本或重建成本扣除减值部分（如折旧）得出结果。

（三）成本法在房地产评估中存在的问题

（1）忽略效用价值。使用成本法对房地产估价时，是从会计的角度，以生产费用论为理论基础，价格是由生产过程中必要支出决定的。实际评估中，很容易忽略房地产效用产生的价值，只考虑成本。因此，评估时还应注意房地产的效用。以上海虹桥购物乐园为例，其号称亚洲最大的购物中心，规模是两个正大广场，处于外环区域。成本的投入远远超出了实际的效用，超出了当地市场的需求和当地消费者消费能力，导致现在仍然处于烂尾状态，没有发挥出价值就面临着荒废，这就是忽略效用的后果。所以，使用成本法估价时单从房地产生产必需的费用来评定房地产的价值过于片面。应在评估时，先考虑房地产的效用能否被市场所需要，再建立在生产所必要的费用上，加上效用给房地产带来的价值。

（2）不能准确表达折旧金额。直线法计算折旧是假定房地产的经济寿命期间每年的折旧额相等为前提使用的一种提取折旧的方法。运用直线法计算房屋的折旧，是不准确的。实际上房屋的折旧通常是逐年增加，呈上升趋势的。刚投入使用的房地产的实际折旧非常小，随着使用时间的增长，房地产后期的修理费和折旧费因房地产老化也逐年增加。运用年限法计算的折旧，初期房屋是崭新的，实际折旧额低于理论的折旧额，实际的折旧被高估，后期房屋老化会越来越严重，折旧额又被低估，没有体现出折旧是逐年增加的现象，违背了配比原则。运用成新折扣法计算房地产的现值是房地产的重新构建价格乘以房地产的成新率。房地产的成新率是由估价人员依据房屋的建筑年代、损坏状况等估测出来的比率。估测的数值会受到估价人员实践经验的影响，这对房地产估价师理论知识的掌握、评估经验有着较高的要求。但对刚成为估价师或经验不足的估价师不易于运用得当，可能会影响评估结果。

（3）忽略外部环境对价格的影响。成本法主要是通过扣除折旧的方法来评定房地产的剩余价值。在实际生活中，外部环境同样也影响着价格的高低。比如，有一幢房屋，窗外可以看见一条河，河边有繁茂的植被，但是河水因为污染严重，常年无人管理，发出恶臭气味。此时房屋的价格在 2500 元 / 平方米左右。同一年，城市因为竞选文明绿化城市，要治理此河水，美化城市，此房屋的价格上涨到了 3200 元 / 平方米左右。评估的主体没变，房地产的使用年限近似相同即折旧额也近似相同，根据公式房地产的价格不应该出现大幅度的变化。但实际上房地产的价格会随着周围的环境优化、设施健全、交通便利、停车位充足等外部环境因素的提升而变动。评估人员往往走入误区，评估房屋只对房屋评估，忽略外部环境的影响，会使评估值不够准确，偏离实际值。

（四）成本法改进建议

（1）增加效用评定的环节。通过上面效用所产生的影响，上海虹桥购物乐园会影响整幢房屋的价值，使之实际价值降低。效用价值会使房屋价值降低，同时也可以使其增高。将折旧改为调整，也就是说功能折旧改为功能调整，外部折旧改为外部调整。房屋效用的增减可以通过功能调整修正价格。例如，河北张家口在 2015 年 7 月 31 日被投票选为 2022 年冬奥会举办城市，举办冬奥会场地附近商品房的房价比以往价格有明显的提高。房屋受到冬奥会的影响，促进了场地附近的经济发展，房屋的效用提高，使得房屋价值增高，就可以通过功能调整对房屋价值调高。

（2）增加实地折旧鉴定环节。上述提到的折旧方法都易忽略货币时间价值和转移规律。不能准确地计算出房屋的折旧程度，可以通过评估人员的经验，对房屋的结构、设备等维护程度，进行实地折旧的鉴定损毁程度，将理论的折旧和实际的折旧根据实际的侧重情况，估算出所占比例，得出综合的成新率。通过此方法，降低了理论上的折旧额低于或高于的偏差，更加真实地反映了房屋的损坏程度，使得评估值更加准确地反映房屋的价值。

（3）增加外部环境的修正。可以结合市场法进行修正，将外部环境影响因素分成两个部分，一部分为无形影响，例如对市场供求、外部环境和无形价值等，划分不同的程度，制作出等级的修正系数，评估人员根据本身的经验，实地考查，判断非实体的价值影响，适当调整评估值。估价师应对当地经济发展、房价走势和政策出台等十分熟悉，并能灵活运用于实际评估中；另一部分为有形影响，例如房屋小区环境改善、设施完善和交通更便捷等，通过系数调整价格。

四、剩余法

剩余法是房地产估价方法之一，是指将待估地产的预期开发价值，扣除正常投入费用、正常税金及合理利润后，依据该剩余值测算待估地产价格的方法。具体有现金流量折现法和传统方法，又称为假设开发法。剩余法在评估待开发土地价值时运用得较为广泛。运用该方法评估地价时，首先估算开发完成后不动产正常交易的价格，然后，扣除建筑物建造费用和与建筑物建造、买卖有关的专业费、利息、利润、税收等费用，以价格余额来确定待估土地价格。

（一）剩余法的基本公式

$$V = A - (B + C + D + E)$$

式中：V——购置土地的价格；

A——开发完成后的不动产价值；

B——整个开发项目的开发成本；

C——投资利息；

D——开发商合理利润；

E——正常税费。

实际估价工作中，常用的一个具体计算公式为：

土地价格＝房屋的预期售价－建筑总成本－利润－税收－利息

（二）剩余法的特点

根据剩余法的原理和计算公式，剩余法估价是从开发商的角度分析、测算其所能支付的最高场地购置费。其可靠性如何，取决于以下几点：是否根据土地估价的最有效使用原则和合法原则，正确确定了土地最佳利用方式（包括用途、使用强度、建筑物的式样、外观、内部设计与布局等）；是否正确掌握了房地产市场行情及供求关系；并正确判断了开发完成后土地连同地上建筑物的售价；是否正确确定了开发费用和正常利润等。

需要注意的是剩余法估价有以下几个假设和限制条件：

（1）尽管不动产总价或租金的取得以及各项成本的支付都发生在将来，但剩余法估价中所采用的所有不动产总价、租金和成本数据都是根据当前数据水平确定未来的成本和租金、价格水平，实际上在开发期间不但租金或售价会上涨（下降），各类开发成本也会上涨（下降）。因此剩余法估价隐含着这样一个假设：剩余法估价中涉及的这些关键变量在开发期间不会发生大的变化。当然，若采用假设开发法进行项目可行性研究或投资决策分析，也可通过周密的市场调查和分析，对预期租金、售价及成本数据作出预测，或采用更准确考虑支出和收益变化的现金流量法（Cash Flow Method）或贴现现金流量法（Discounted Cash Flow Method）进行评估。

（2）假设租金和不动产交易价格在开发期间不会下降，并且不考虑物价上涨的影响。

（3）假设在开发期间各项成本的投入是均匀投入或分段均匀投入。

以上这些假设条件在国外的剩余法估价中表现得更为明显。国内一些估价人员则往往混淆了估价与项目可行性分析的区别，因而往往忽视了这些假设与限制条件。

（三）剩余法的适用范围

从剩余法的计算公式和特点可以看出，剩余法主要适用于下列几种类型的土地估价：

（1）待开发土地的估价。

（2）待拆迁改造的再开发房地产的估价，这时公式中的建筑费还包括拆迁费用。

（3）仅将土地或房地产整理成可直接利用的土地或房地产的估价，此时公式中的楼价为整理后的土地价格，建筑费为整理费用。

（4）现有新旧房地产中地价的单独评估，即从房地产价格中扣除房屋价格，剩余之数即为地价。

需要指出的是，在第四种情况下，即在土地或建筑的价格其他方法不能明确把握时，剩余法是有效的方法。例如，要对附有建筑物的土地进行估价时，虽然依买卖实例可求得空地价格，但对于因附有建筑物而使得土地价值降低的情况，究竟应该减价多少，这时仅依靠买卖实例比较法确实难以获得正确答案，而运用土地剩余法，则可求得附有建筑物的土地价格。不过，只有建筑物比较新且处于最有效使用状态时，剩余法才是最有效的方法。前面提到此法对于附有建筑物的土地评估是最有效的。这在理论上确实如此，但实务上多数情形却难以求得适当的价格。例如，在房屋建筑不久，且不是最有效使用时，以土地残余法求适当的土地价格是比较困难的；若建筑物已陈旧，租金低廉时，归属于土地的纯收益已有偏差，则求取适当的土地收益价格也有困难。

（四）剩余法的评估程序

根据剩余法估价的基本思路，剩余法估价的程序为：调查不动产基本情况，确定待估不动产的最佳开发利用方式，预测不动产开发完成后的收益，测算开发总投资，确定开发利润，估算待估不动产价格。

（1）调查待估对象的基本情况。

（2）确定待估不动产最佳的开发利用方式，重要的是选择最佳的土地用途。

（3）预测房地产售价，对于出售的不动产，采用市场法确定开发完成后的不动产总价；对于出租的不动产，首先采用市场法，确定所开发不动产出租的纯收益，再采用收益还原法将出租纯收益转化为不动产总价。

（4）估算各项成本费用：它包括估算开发建筑成本费用，估算专业费用，确定开发建设工期，估算预付资本利息，估算税金。

（5）确定开发商的合理利润，开发商的合理利润一般以不动产总价或预付总资本的一定比例计算。投资回报利润的计算基数一般为地价、开发费和专业费三项，销售利润的计算基数一般为不动产售价。

（6）估算待估不动产价格。

五、批量评估模型

模型用来揭示事物如何运行，研究者、科学家和分析家都会设计一些模型来检验某些理论或预测结果，模型可以是物质实体模型、概念模型或者数学模型。

房地产批量评估模型就是在当地房地产市场下，通过可获得的房地产数据，揭示影响供求的动力，寻找解释或预测房地产价值，这主要是基于比较法、收益法和成本法来评估。因为模型要反映市场的变动，批量评估模型的建立需要基于合理的批量评估理论、数据分析和研究方法，一个好的模型应该是合理、可信和可靠的。

评估人员不能草率地使用未经检验假设条件和结构的模型，也不能简单地把获得的数据应用于模型。例如，统计意义上成立未经市场检验的方程，不是来自市场分析的成本折旧模型，过于简单的固定收入及资本化率的收益法模型，都是被人质疑的模型。过往的全球金融危机表明，时间久远的事件也会迅速影响整个区域的房地产市场，这就要求评估人员要持续不断地研究和揭示潜在市场驱动力，并在新的评估模型里面有所体现。

（一）批量评估模型的基本思想

批量评估是当前国际房地产税基评估普遍采用的方法之一。国际财产征税评估人员联合会（International Association of Assessing Officers, IAAO）于2011年制定《不动产批量评估准则》，该准则对批量评估作了如下定义：批量评估（Mass Appraisal，MA）是指利用共同的数据、标准化的方法和统计检验技术评估一组财产确定日期价值的过程。《国际评估准则2007》（International Valuation Standard, IVS）中对批量评估的解释是：在特定的评估基准日，应用系统的、统一的、考虑统计检验和结果分析的评估方法和技术，同时对多个财产进行评估的活动。美国《专业评估执业统一准则》（Uniform Standards of Professional Appraisal Practice，USPAP，2008—2009）中对批量评估也有类似的表述。我国《房地产估价基本术语标准》中这样定义批量估价：基于同一估价目的，利用共同的数据，采用相同的方法，并经过统计检验，对大量相似的房地产在给定日期的价值或价格进行评估。

房地产批量评估技术在国外已有几十年的历史，而在中国仍属新生事物，研究与实践经验相对较少。同时，中国房地产的类型和特点与国外差异较大，很难直接借鉴国外的先进经验。在此背景下，研究适合中国的批量评估方法显得尤为重要。基于我国尤其是深圳未登记房地产的实际情况，大量同质未登记房地产普遍存在，高居不下的商品房价格使得未登记房地产尤其是违法建筑的交易租赁市场极其活跃，使得基于市场比较法或基于收益法的批量评估成为可能。

鉴于未登记房地产体量庞大，用途种类繁多，权属性质错综复杂，交易案例获取难度大等特点，加之未登记房地产批量评估又无相关经验借鉴，经过探索多种方法如长期趋势法、试点片区特征价格法等，总结摸索出了一套基于市场比较法、收益法、适应估价技术以及地理信息技术的未登记房地产批量评估模型，以所有未登记房地产作为评估对象，综合运用市场供求理论、房地产估价理论、数理统计方法和地理信息系统技术，应用房地产评估大数据进行批量估价的数学模型进行评估，具有较强的实用性和适用性，从而能够实现高精度、低成本的批量评估。

虽然房屋的交易数量有限，有大量的存量房在某一时间段内不被交易，但其仍具有可观的公允价值。具体来说，对于每个评估集合，即具有相同供求关系的集聚区域而言，可视其为一个整体或系统，其内部各个房地产的价格存在内在联动机制，即集合内部各房地产之间存在价格关联关系——比价关系，并在一定时间内保持相对稳定。在此基础上，当集合内部某些房地产单元发生交易或产生价格信息，由比价关系推算出该集合内所有房地产单元对应于这些交易案例的比准价格。由于各交易案例与待测算房地产单元之间的比价关系与实际情况会存在一定的误差，因此在用多个预期比准价格来推算单个房地产单元的评估价格时，就可用权重影响系数来体现每个交易案例比准对该房地产单元评估价格的贡献大小，通过比准价格加权求和的方式就可以评估出符合实际的房屋评估价格。

这里的评估集合是指类型相同、区域等级相似、价格区间相近的未登记房地产总体，是比价关系构建的最大范围。权重影响系数在实际测算时，若某两个房地产属于不同的评估集合，则权重影响系数为 0；若某两个房地产属于同一评估集合，则考虑其权重影响系数。以住宅为例，楼栋内的房地产权重影响系数＞同一楼盘内（不同楼栋）的房地产权重影响系数＞集合内（不同楼盘）的房地产权重影响系数。

（二）评估模型基本假设

未登记房地产批量评估模型的设计建立在以下假设基础之上：

（1）一定范围内特征相近的城市房地产（这里称之为“评估集合”）之间存在一定程度的价格关联关系，这种关联关系的产生主要是由于房地产的位置、属性、市场供求关系等多方面的相似性所造成的。

（2）评估集合内各个房地产单元之间的价格关联关系可以用一定的数量

关系进行表达。

（3）随着时间的变化和房地产市场的变化，评估集合内各个房地产单元之间的价格关联关系也会发生相应的变化，且这种变化可以被度量和表达。

（4）在评估集合内，某一时段必定有一个或多个房地产单元发生交易或产生价格信息。

（5）在某个范围内，房地产之间的价格关联程度依据房地产之间的相似程度的不同而不同，当有一个或若干个房地产单元发生交易时，其价格对其他房地产单元价格的影响随着房地产间的相似程度的降低而减少。

（三）评估模型数学形式

基于上述描述，对于任意一套房地产的评估价格，存在理论模型：

$$P^*_{估} = P_1 \cdot a_1 \cdot \omega_1 + P_2 \cdot a_2 \cdot \omega_2 + \cdots + P_m \cdot a_m \cdot \omega_m$$

式中：P——交易价格；

a——待估房产与交易案例之间的比价关系；

ω——比准价格对于待估房地产价值的影响权重系数（初期可以使用等权重，即简单算术平均代替）。

（四）评估模型应用基本问题

1. 模型应用条件

模型是对现实世界的模仿，批量评估模型能否成立并适用，取决于模型的前提假设是否成立，这就要求具备相应的应用条件，前提假设为构建模型提供了基础依据，而应用条件则为应用模型提供了必要的背景环境。批量评估模型的应用要求满足一定的条件才能使评估结果达到要求的精度，这些条件包括市场基础、系统支撑、数据支持、技术支持等。

（1）市场基础

批量评估模型的应用首先要有一个相对成熟的房地产市场，否则比价关系难以稳定成立。相对成熟的房地产市场一般包括以下几个方面的特征：房地产市场信息公正、透明；买卖双方的力量对比比较均衡，且行为均较为理性；房价总体平稳，没有出现爆炸式上涨或者快速下跌的情况；市场交易活跃等。上述这些都是进行房地产批量评估的市场基础条件。

（2）系统支撑

完善的房地产信息系统是进行批量评估的物质基础。一般而言，评估过程中考虑的因素越多，评估结果就相对越准确，而如果不能获得房地产价格参数体系的支撑，则评估结果的准确性将会降低。计算机辅助批量评估与地理信息技术的结合，使先进的数据交换得以实现，而在此基础上形成的一体化信息系统更是实施批量评估的强大技术支撑。

（3）数据支持

数据支持主要包括三个方面，分别是数据质量保证、数据典型性要求以及数据实效性要求。

数据质量保证指的是，房地产特征的精确数据是保证批量评估建模质量的基础，因此建模所应用的所有数据必须满足以下条件，以保证数据的质量和数量：一是建立批量评估模型所使用的房地产特征数据必须有充足的数量来建立合理的预期的模型，虽然批量评估模型相对回归模型来说对数据量的要求较低，但一般也需符合统计学的普遍规则，即销售数据至少应是独立变量的 5 ～ 15 倍，如此才能保证模型结果的科学性；二是销售数据必须最大可能地反映房地产市场的交易情况，一切由偶然因素引起的不符合当时市场情形的数据都应当被合理剔除；三是主观数据必须具有一致性，并通过模型对特征群体进行估值。

数据典型性要求是指批量评估模型所采用的数据样本必须保证样本能够充分代表所评估总体的特征，即尽量保证每一个样本都有充足的代表性。在统计研究的众多种类中，样本是从群体中所选取的，因此为保证质量必须确保样本的典型性；特别是在房地产市场当中，销售数据并不能代表真正的随机样本，所以更要关注数据的典型性。对不同类型和特征的房地产，群体价值的分布并不能直接用于确定和分析模型中房地产的价值分布，因此需要进行选择来充分反映与房地产特征紧密相关的属性数据，从而达到典型性。

数据实效性要求指的是，为保证批量评估实施的可持续性，房地产数据的收集工作应持续不断地进行并形成周期化的模式，以保证数据的不断更新，使数据的时效性能够达到评估工作的需要。数据时效性主要通过以下几个方面来保证：一是梳理数据收集工作，制定数据的定期采集机制；二是规范数据处理过程，制定数据处理规范与标准；三是建立数据入库标准化流程，形成定期的数据入库规则；四是做好数据库的运行监控和管理，对数据库进行定期的调整和优化；五是建立数据质量检查机制，最大限度地确保数据工作每个环节的数据质量问题；六是建立固定的数据管理体制，制定各数据工作岗位的职责，提高数据管理的工作力度。

（4）技术支持

技术支持主要包括三项内容，分别是进行合理的房地产集合、合理辨识比价关系和权重系数以及合理运用批量评估技术。

首先是要进行合理的房地产集合。相同类型、相同区片和相同品质的房地产具有相同的功能，也具有类似的价值基础。批量评估模型是在房地产集合基础上进行的，通过对实体因素的微观差异分析进行价格评估，如果由于房地产类型不同导致实体因素价格差异太大，则分析结果将没有实际意义。因此，批量评估模型的应用前提是划分出满足房地产使用功能一致、实体因素基本相同、区域因素大致相当等条件的房地产集合。实际上，只有在同一集合内，房地产之间的比价关系才具有较高的先验性，权重系数也才相对便于测算，批量评估模型也才更易于应用。

其次是要合理辨识比价关系和权重系数。比价关系反映的是房地产之间的市场价格比值，在模型构建阶段具有一定的先验性，而在模型实施阶段则会随着新增交易的补充进入而发生变动，其体现的是对市场变动或消费者偏好变动的一种反馈，因此从本质上来看，比价关系关注的是房地产价格本身。再看权重系数，它是基于房地产在物理属性特征方面的相似性而进行加权计算的，其反映的是多个比准价格是按照怎样的一种比例关系映射到待估房地产上的，它在特定时段内是固定不变的，不会因为市场变动或消费者偏好变动而发生改变，因此从本质上来看，权重系数关注的是房地产本身的客观属性特征。由此可见，批量评估模型通过比价关系来计算比准价格，通过权重系数来分配比准价格，能够实现对市场价格的影响、买卖双方偏好的存在和基本的价值判断这三方面的统筹兼顾，而为有效应用批量评估模型，必须在对比价关系和权重系数进行合理辨识的基础上，运用一定的技术手段来对两者进行测算或调整。

最后是要合理运用批量评估技术。批量评估模型从本质上来看是一种批量评估方法与技术体系，其应用的成功与否与模型参数估计的准确与否密切相关。现代批量评估一般是采用一种或几种批量评估技术来对模型参数作出估计，批量评估模型亦不例外，但考虑到批量评估模型除设计了固定参数如权重系数等之外，还涉及适应性参数如比价关系等，因此其对批量评估技术的应用条件无疑会更高。在批量评估模型应用过程中，批量评估技术主要应用在比价关系测算、权重系数测算、交易价格确定以及比价关系更新四个方面，后文将会重点分析该如何选择及应用合适的批量评估技术，以测算或更新批量评估模型中的有关参数。

2. 适用范围

任何模型都有一定的适用范围，批量评估模型亦不例外。综合前述的模型构建总体思路、模型基础、模型设计以及模型解析等内容来看，批量评估模型的适用范围主要体现在如下几个方面：

（1）批量评估模型的基础是市场法、收益法，因此对于不适合采用市场法、收益法的房地产不宜应用批量评估模型，此类房地产包括公共配套类、宗教类、军事类房地产等。

（2）区域差别过大、可比性较弱的房地产不宜纳入批量评估行列。同质性较强的一定量房地产的存在是批量评估模型运用的基础，而批量评估模型的关键参数如比价关系、权重系数等也均是在类似房地产集合内方能生效，因此，在区域选择存在问题、同质性房地产极少的情况下，不宜使用批量评估法。尤其是单独拿出两个区域差别较大且物理属性相差较大的房地产作比较时，几乎没有必要考虑选取批量评估法。

（3）批量评估模型需要大量的可用数据作为支撑，因此当数据支持无法达到要求时不宜使用批量评估法。虽然相对特征价格模型等来说，批量评估模型可采用直接比较的方法，因此对数据的要求也更少，但考虑到脱离数据的统计方法本身就是悖论，而过少的可用数据在一定程度上来说必然会导致统计归纳出现偏差，因此尽量获取可用数据是运用批量评估模型的重要基础条件。比如说，当住宅房地产有相对较高的成交量且可比市场价格相对较易获得时，批量评估模型应优先使用，但当有可比性的房地产完全无交易数据时，批量评估法则较难开展。再比如商业、办公或工业类的应税房地产，虽然其租金收益相对稳定且可采用收益法估算，但由于收益资本化率倒数的放大效应通常会使得评估结果出现较大偏差，因此此类房地产应用批量评估模型时应对模型进行相应调整。

（4）房地产市场极不稳定的区域也不宜采用批量评估模型。前已述及，及时关注市场变动情况，并保持对数据的动态感知，进而对批量评估模型进行及时调整是保持批量评估体系良好运转的重要基础。当房地产市场极不稳定时，市场供求的不均衡和房价的大起大落会带来价格的不平稳，进而直接导致数据的可统计、可总结性较差；同时，这种突然的价格波动也会扰乱原有的比价关系，并使其严重脱离现实情况。因此，当房地产市场动态价格起落过大时，也不宜采用批量评估法，或者说当市场动态价格变动超出系统预设阈值时批量评估法较难应用。

（5）当房地产市场成交价格较为完备且较为真实，而房地产物理属性信息亦十分完备时，批量评估模型与特征价格模型等相比并无特别的优势，这也是为什么当前发达国家更多地会直接进行属性对估价的回归分析的原因所在。当然，考虑到我国在数据基础等方面与发达国家存在较大差距的客观国情，批量评估模型显然较特征价格模型等更具有适用性。

第六章　未登记房地产评估体系构建

一、评估对象界定

从横向分类来看，依据未登记房地产类别的不同，可以将评估对象划分为住宅、工业、商业、办公、公共配套设施及其他六个类别。

从纵向区分来看，依据房地产价格评估需求与精度的不同，可以将评估对象划分为市级平均单价、区级平均单价、片区平均单价、楼栋平均单价、分户单价五个层级。

在房地产价格评估实践中，可将上述两种评估对象分类结果进行综合交叉，形成层次分明、类型明确的评估对象系列，进而根据评估工作的具体需要和推进步骤，有针对性地选择评估对象以形成满足不同评估需求的评估成果。

二、评估特征分析

从总体上来看，未登记房地产具有三大典型特征：

一是未登记房地产总体规模庞大；

二是未登记房地产的基本信息不完整，需要调查完善；

三是未登记房地产市场信息获取较为困难。

上述特征决定了在选择评估方法时，需在遵循房地产评估一般规律的基础上，综合权衡以下几个方面因素：一是在总体规模庞大方面，传统的个案评估方式已经无法满足其评估需要，而批量评估技术手段则应是未来选择思路。二是未登记房地产的信息调查工作需常态化，摸清房产的基本情况以及未登记房地产的市场规模，为评估建立必要的数据支持。三是未登记房地产评估以市场交易价格为参考，并综合考虑权利瑕疵对价值的影响。

三、评估架构

未登记房地产批量评估是一项复杂的工作，涉及数据调查收集、整理与分析，数据规范化入库，评估模型构建，评估过程实施等。在具体的操作过程中，要从以下三个方面入手（见图6.3.1）：

一是原始数据调查，具体包括未登记房地产的基础信息（名称、楼层、四至、户型等）和案例信息。这是未登记房地产评估工作的第一步也是最重要的环节之一，不同于已登记房产信息有固定正规的收集渠道，未登记房地产信息收集一直处于空白状态，具有不透明、难采集、体量大、变化快等特点。因此必须建立一套行之有效的信息采集手段与方法。

二是数据工程建设，原始数据并不能直接用于评估，必须经过规范化整理，按标准统一入库。数据的质量和数量直接影响最终的评估结果，数据的组织方式同样也会影响评估过程的效率。本研究制定四个步骤保证数据的品质，即数据预处理、数据模型构建、评估数据库建设和数据质量管理。

三是未登记房地产评估，这是未登记房地产批量评估工作的核心，具体包括评估集合划分、比价关系构建、标准楼栋价格评估等环节。

四、评估技术路线

未登记房地产价值评估按照批量评估的模型、思路进行。在具体评估方法选择上按照土地权属性质的不同分类处理：对于在原集体土地上的未登记房屋（公共配套类除外），采用基于市场法和收益法的批量评估法进行评估；对于在国有土地上的未登记房屋采用成本法、房地分估的方式进行批量评估，即“房地产价值＝房屋建造成本＋地价”，如表6.4.1所示。

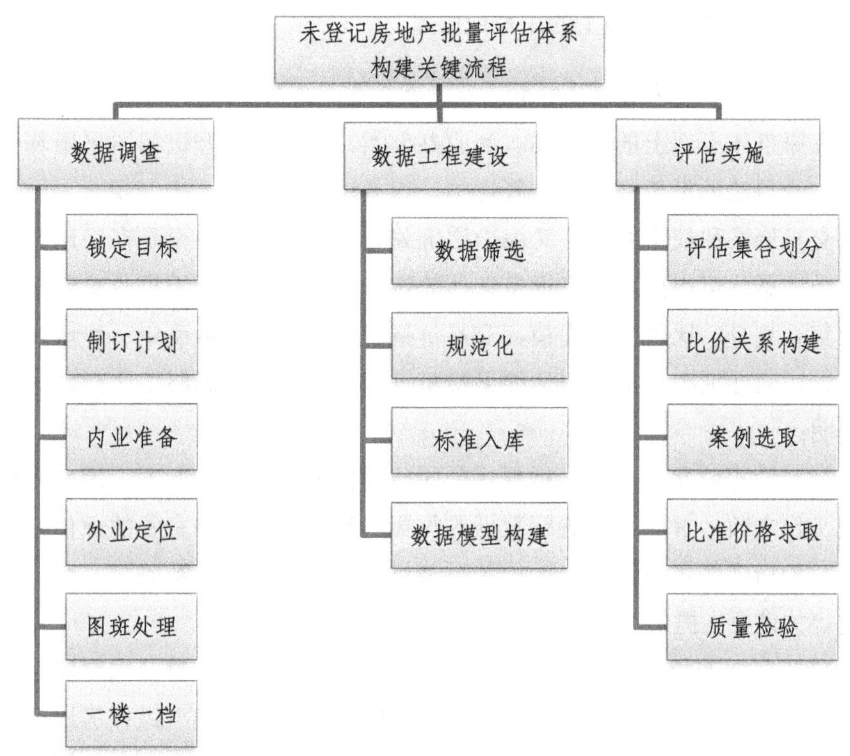

图 6.3.1　未登记房地产批量评估体系构建流程图

表 6.4.1　未登记房地产评估方法及思路一览表

序号	分类	方法	评估思路	适用范围
1	在原集体土地上的未登记房屋（公共配套类除外）	基于市场法的批量评估法	采用市场法评估标准楼栋（房）价值，即将可比案例修正到标准楼栋条件，求取标准楼栋（标准房）比准价格。通过已建立的比价关系，批量评估集合内其他楼栋的价格	住宅类
		基于收益法的批量评估法	采用收益法评估标准楼栋价值，即以评估集合为单位，调查售价和租金，以市场提取法求取报酬率。根据报酬资本化法，房地产价格 = 年净收益 / 还原率，求取标准楼栋价格。通过已建立的比价关系，批量评估集合内其他楼栋的价格	工业类、商业办公类
2	在国有土地上的未登记房屋及原集体土地上的公共配套	基于成本法的批量评估法	以在估价时点建造与待估房产相似的、具有相同功效的全新房产所需重置成本为基础，根据房地产价值 = 房屋重置价 + 地价，求取房地产价格	—

（一）在原集体土地上的未登记房屋

1. 在原集体土地上的住宅类、商业办公类、工业类未登记房屋

在原集体土地上的住宅类、商业办公类、工业类未登记房屋采用基于市场法和收益法的批量评估法进行评估。该方法主要包括三个变量——比价关系、交易价格和权重系数，又由于比价关系和权重系数主要是在房地产集合内生效，据此可得出房地产批量评估的技术路线主要包括数据收集整理、房地产集合划分、比价关系建模、交易价格获取、权重系数确定、房地产批量评估、适应性调整评估、评估结果检验等，其具体实施思路下面分别进行简要说明：

（1）数据收集与整理。批量评估的应用依赖于大量的数据，因此在开展其他工作之前，首先需要进行数据的收集和整理，并建立完备的评估基础数据库，为后续的集合划分、比价关系测算及调整、权重系数确定、交易价格确定等关键要素提供基础依据。

（2）房地产集合划分。前已述及，无论是比价关系测算及调整还是权重系数测算都是在同一集合内进行的，因此应用批量评估模型进行房地产估价的准确性与精确程度就依赖于房地产集合划分的准确程度。集合的划分是综合考虑了房地产区位、用途、权属、品质档次等因素而进行的房地产范围界定，当房地产集合划分完毕后，则可视同一集合内所有房地产的档次与等级基本相同、价格基本相近，且相互之间存在基本一致的供求关系。

（3）比价关系建模。在批量评估模型中，比价关系体系的建立是核心也是重点。比价关系的建立以房地产集合为基础，反映了同一集合内全部房地产的价格变动关联，通过比价关系可以将集合内所有待估房地产的价格联系起来。

（4）交易价格获取。从批量评估模型的运行过程及基本形式可以看出，交易价格在从已知推算未知的过程中承担了已知的角色，也就是说批量评估模型实质上是通过比价关系、权重系数等模型参数，来对交易价格进行调整，从而得出最终的评估结果。由此可见，交易价格的准确与否，将直接决定着评估结果的合理与否。与其他房地产评估模式一样，批量评估模型的评估结

果也对应于特定的价值时点，因此需要将不同时点、不同交易状况的交易案例价格信息统一修正为批量评估时点的正常市场价格。

（5）权重系数确定。批量评估模型是由多个交易价格来推算单个房地产价格的映射过程，而权重系数则是对这种多对一关系的一种比例赋值，因此其也是批量评估模型实施的关键要素之一。权重系数确定的过程主要为，从影响房地产价格的属性特征的相似度入手，如房地产类型、建筑年代、房屋性质等，通过对类似房地产集合内全部房地产的属性分析来建立属性矩阵，然后再通过权重向量和隶属度向量来确定每两套房地产之间的相似度，最后通过衡量房地产之间的相似程度来计算交易房地产对待估房地产的影响权重。

（6）房地产批量评估。根据前述所建立的比价关系与权重系数，再结合交易价格数据，通过城市房地产批量评估模型对房地产集合内的所有房地产实施批量评估。

（7）适应性调整评估。在批量评估模型中，比价关系带有一定的先验性，而当房地产集合内出现新增交易案例时，其合理价格与评估价格并不会完全一致。当这种差异超过一定范围时，就需要对比价关系进行相应的调整。适应性调整评估就是根据实时的市场交易结果，利用适应估价技术对批量评估模型的比价关系矩阵进行调整，进而对所有房地产的价格进行调整性评估，从而使评估结果更加切合市场实际。

（8）评估结果检验。为保证评估结果的精准性，批量评估方法和模型必须能够给出准确且公平一致的房地产价值。采用比率分析来评价批量评估结果准确情况，即用统计学指标，对一组房地产的评估价值与市场价值的比率进行分析。

2. 在原集体土地上的公共配套类、其他类房屋

在原集体土地上的公共配套类、其他类房屋采用成本法进行批量评估。以在估价时点建造与待估房产相似的、具有相同功效的全新房产所需重置成本为基础，根据房地产价格 =（建安成本 + 其他成本）×（1 －折旧率），求取待估房产的价格。

鉴于估价对象的特殊性，在评估过程中有一些特殊的考虑：首先建安成本中的各项指标均取低值。其次，由于大部分该类建筑的设计简单、成本低廉、建设周期短，建设施工不规范，因此暂不考虑专业费用、管理费、投资利息、利润等其他费用。最后，大多数此类房屋由于没有规划批准或建设批准文件，竣工时间无法准确确定，且土地年期为无限年期，因此暂不考虑建筑物的折旧。

因此，在原集体土地上的公共配套类、其他类房屋价值以建安成本计。

3. 多种用途类房屋

此类房屋主要是违法建筑中存在的用途分类，主要指同一楼栋中包括商业、工业、住宅等多种用途，由于暂时无法获取其中每种用途的面积，因此，一般将住宅、商业及办公各区域的加权均价作为此类建筑的区域栋均价。

（二）在国有土地上的未登记房屋

在国有土地上的未登记房屋采用成本法、房地分估的方式进行批量评估。即“房地产价值＝房屋建造成本＋市场地价”。其中，房屋建造成本以“建安成本＋其他成本”进行核算。市场地价按照对应用途的土地以标定地价进行核算。

第七章　实证评估研究——以深圳市为例

一、估价对象

本次实证评估研究对象为深圳市未登记房地产（评估时点为2019年10月1日），即除已在深圳市房地产权主管部门进行产权登记的房地产之外的所有房地产，栋数约为48.04万栋，总建筑面积68488万平方米。其中，住宅类30万栋、建筑面积30116万平方米；工业类11.46万栋、建筑面积21570万平方米；商业办公类2万栋，建筑面积7607万平方米；公共配套类2.73万栋、建筑面积4895万平方米；其他1.85万栋，建筑面积4300万平方米（见表7.1.1）。

表7.1.1　评估对象（分用途）一览表　　单位：万栋、万平方米

序号	类别	原集体土地上		国有土地上		合计	
		栋数	建筑面积	栋数	建筑面积	栋数	建筑面积
1	住宅	27.80	18438	2.20	11678	30	30116
2	工业	9.02	15666	2.43	5904	11.46	21570
3	商业办公	1.41	2462	0.59	5144	2.00	7607
4	公共配套	1.44	1380	1.30	3514	2.73	4895
5	其他	1.72	4082	0.12	218	1.85	4300
6	合计	41.39	42029	6.65	26458	48.04	68488

二、数据库建设

深圳市未登记房地产批量评估工作需要大量的房地产相关数据作为支撑，

因此需要开展全市未登记房地产整体评估数据库建设工作。由于未登记房地产交易市场受法律约束，处于半公开、隐蔽、不规范的灰色状态，而公开调查也难以开展，因此与商品房销售市场相比，公开、权威、全面的未登记房地产销售市场的数据较难获得。除了通过传统的途径（从政府部门批量收集，通过专门机构或公司收集等）进行数据收集之外，为了准确掌握深圳市在售未登记房地产数据，还统一部署了对深圳市全市各区在售未登记房地产拉网式排查工作，基本实现对在售未登记房地产楼盘常态化监控。

在数据收集时，根据评估工作的需要和批量评估模型的要求，需要有的放矢地收集房地产地理空间数据、属性特征数据、价格数据、收益类成本类数据和关联特征数据等。这些数据来源广泛，既包括原始积累的数据，从其他房地产部门或机构定期交换的数据，也包括开展数据调查获得的调查数据，这直接导致了数据格式不一、精度不一以及互相之间没有关联等问题，难以在实际评估当中使用。为了有效利用这些数据，参考和制定相应的数据标准和规范、采用先进的数据处理技术与工具、按照质量控制要求和数据特点对收集到的数据建立数据模型，并在此基础上构建出未登记房地产评估数据库，以便对房地产数据进行批量、统一的处理、分析和存储，从而满足评估与监管工作的需要。

下面将分六个部分对评估基础数据收集与管理工作进行阐述，分别为基础数据概况、案例数据调查、数据处理、数据模型、数据库建设和数据质量管理。

（一）基础数据概况

房地产基础数据主要是描述房地产的基本状况和实物状况的数据，大体上可分为两类：一类是描述房地产名称、坐落、用途、面积、楼层、装修、楼龄及周边配套设施等信息的基础属性数据，其主要应用包括划分评估对象、物业类型及相似房地产等，以便根据不同类别房地产的特点应用不同的评估方法及评估数据。另一类是描述房地产空间位置、形状、大小、分布状况及拓扑关系等信息的空间数据，是辅助评估人员提高评估效率和评估结果准确性的重要支撑，其在评估过程中主要的应用领域有制作比价系数、结果检验与校核以及争议处理等。另外，针对现有部分数据存在着不同程度的缺失或失真问题，本研究开展实地调查以弥补现有问题，从而保障基础数据的完整性和准确性。数据调查作为工作的重要组成部分以及房地产基础数据的重要补充，将在下一节详细阐述。

1. 基础属性数据

房地产基础属性数据由已登记产权的存量房和未登记产权房地产的基础属性数据共同构成，二者虽然在法律上性质不同，采用的评估方法也不尽相同，但反映它们自身品质特点的基础属性数据却基本一致。这些属性数据从房地产构成上可大致归结为四类，即土地属性数据、楼盘属性数据、楼栋属性数据和房屋属性数据。本节将以这四类数据为阐述对象，对房地产的基础属性数据进行详细介绍。

（1）土地属性数据

土地是承载房地产的物质基础，是房地产价值构成的重要组成部分。土地基础属性数据包括地块编号、宗地号、土地位置、土地登记、产权状态、地块状态、土地使用权类型、土地用途、用地面积、总基地、土地使用年限、土地出让起始时间、土地出让结束时间等信息。对土地基础信息的了解，能够使评估人员加深对房地产价值构成的认识，准确把握房地产评估价值。

土地基础属性数据主要来自以下几个方面：一是产权登记数据；二是建筑物普查数据；三是地籍测绘数据；四是补充调查数据。

（2）楼盘属性数据

此处楼盘主要针对多栋成套类型的未登记房地产，楼盘属性数据描述了房地产楼盘相关的属性信息，是决定楼盘和楼栋品质、判断房屋价值影响因素的重要参考依据。因为房地产项目经常是以楼盘的形式统一建造的，因此，同一楼盘内的楼栋属性和房屋属性具有众多相似之处，这其中主要包括：楼盘名称、位置、绿化率、容积率、景观环境、建造年代、停车位数量、物业管理费、楼盘内及楼盘外配套设置等。另外，楼盘独有的属性信息包括楼栋总数、房屋总套数、总建筑面积、占地面积、开发商名称、开发商地址及开发商法人代表等。这些属性信息详细记录了楼盘的基本情况，是辅助评估人员了解待估房地产品质、计算待估房地产价值的数据基础。

楼盘属性信息来源广泛，主要包括未登记房地产一张图数据、建筑物普查数据、补充调查数据等。

（3）楼栋属性数据

楼栋属性数据描述了房地产楼栋相关的属性信息，是房屋价值的决定性因素之一，因此，楼栋属性信息不仅要全面，而且要准确。从现有收集到的楼栋数据情况来看，楼栋属性信息主要包括楼栋编号、楼栋名称、所在分区、建筑性质、建筑类型、建筑结构、建筑用途、楼栋总层数、是否有电梯、竣工日期、使用年限、基地面积、建筑面积等。这些属性信息从各个角度描述了楼栋的基本情况，是辅助房地产评估人员全方位了解楼栋品质进而判断房屋品质的重要参考依据。同时，也是批量估价理论中构建楼栋内比价关系和楼栋间比价关系的数据基础。

楼栋基础属性数据林林总总包含了数十项内容，因此，其来源十分广泛，主要包括未登记房地产一张图数据、建筑物普查数据、委托购买数据、实地调查数据等。

（4）房屋属性数据

房屋属性数据描述了房地产房屋相关的属性信息。房屋是最小也是数量最多的评估单元，房屋数据描述了房屋自身的属性信息，是判断房屋品质、决定价值的重要因素之一，其内容主要包括房屋编号、房屋号、房屋性质、房屋类型、房屋用途、房屋结构、朝向、所在层数、所在楼栋、装修情况、建筑面积和使用面积等。

房屋基础属性数据所包含的内容种类繁多，为保证这些数据的准确性和完整性，建议从多个渠道收集房地产房屋属性数据，主要有租赁办数据、委托购买数据、实地调查数据等。

2. 空间数据

空间数据是指用来表示空间实体的位置、形状、大小及其分布等诸多方面信息的数据，以坐标和拓扑关系的形式存储。它可以用来描述来自现实世界的目标，具有定位、定性、时间和空间关系的特性。它是一种用点、线、面以及实体等基本空间数据结构来表示人们赖以生存的自然世界的数据。涉及房地产的空间数据有遥感影像数据、建筑物分布数据、土地空间数据、标准分区图、行政区划图、道路图、地铁站点分布图及三维仿真数据等。

（1）遥感影像数据

遥感影像主要是指航空影像和卫星影像，它以缩小的影像真实再现地表环境，以不同的空间尺度、感知方式快速、及时地监测地球环境的动态变化（见图 7.2.1）。由于其具有获取方便、周期短、信息量庞大等特点，因此成为空间数据的重要组成部分。深圳每年分四个季度获取覆盖全市区域的遥感影像，空间分辨率最高可达 0.25 米。遥感影像数据在批量评估中的应用比较广泛，评估人员可以通过遥感影像查看房地产周边环境与设施等情况，在很大程度上节约了外业调查的资金和时间投入。

图 7.2.1　遥感影像示意图

（2）建筑物分布数据

建筑物分布图来源于建筑物普查以及每年的动态更新数据。建筑基底图形以现有的深圳市 1 ： 1000 地形图为基准，其几何形状为面状，面与面之间具有拓扑关系。一个建筑基底图形面，对应一个建筑编码（见图 7.2.2）。组成建筑物基底图形的多边形角点的定位精度应小于或等于正负 1 米。

建筑物分布图覆盖深圳全市区域内的建筑物，且每年动态更新，最为全面地反映了全市范围内房地产的空间位置信息和房地产之间的拓扑关系，在批量评估中具有重要作用。

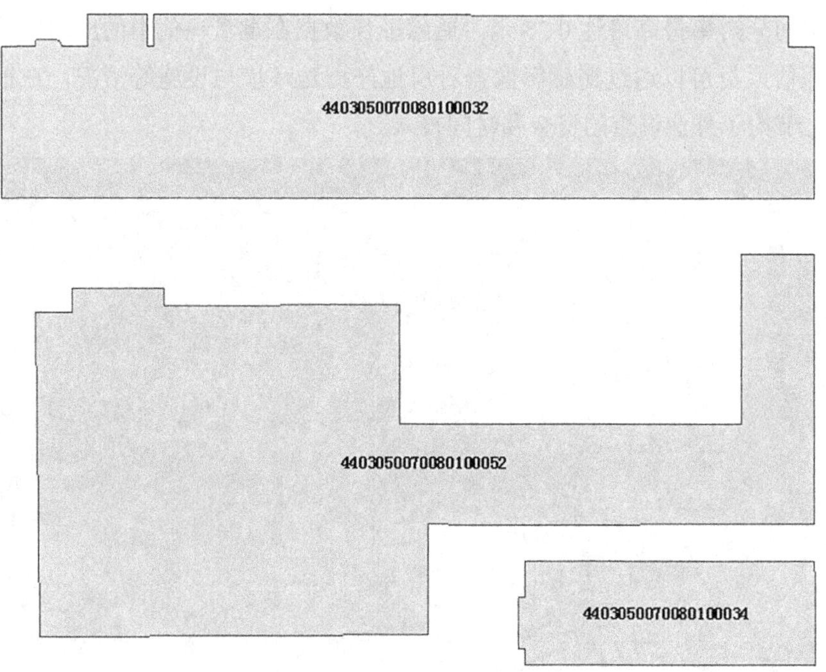

图 7.2.2　建筑物普查数据示意图

（3）土地空间数据

土地空间数据是以宗地为基本单元，含有每一块宗地的边界坐标，土地空间数据与土地属性数据通过地块编号进行关联，因此，土地的属性信息也可以通过地图表达（见图 7.2.3）。通过与房地产属性信息的关联，以及与其他空间数据进行叠加分析，土地空间数据可以用于与房地产相关数据进行空间分析。

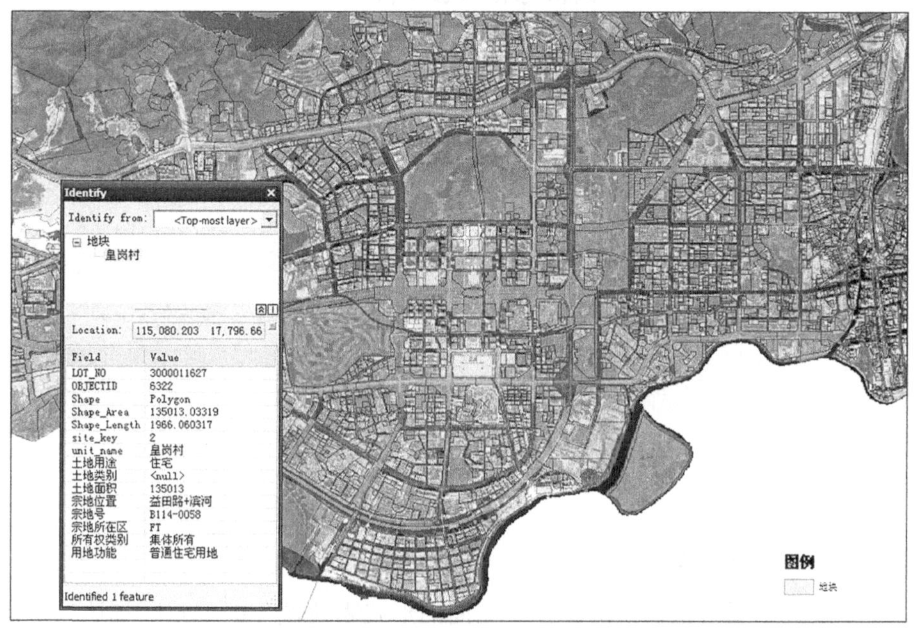

图 7.2.3　土地空间数据示意图

（4）标准分区图

标准分区图是深圳市规划部门在城市总体规划的基础上，对局部地区的土地利用、人口分布、公共设施、城市基础设施的配置等方面所作的进一步的规划安排，是划定各规划分区的位置边界图（见图 7.2.4）。标准分区从规划的角度充分考虑了局部区域内土地利用、人口分布、公共设施以及城市基础设施的配置，因此在同一标准分区内的房地产具有较强的同质性，同一标准分区内同类型的房地产在一定程度所受到的区域因素影响具有相似性，这对整体评估中评估分区的建立具有重要的参考作用。

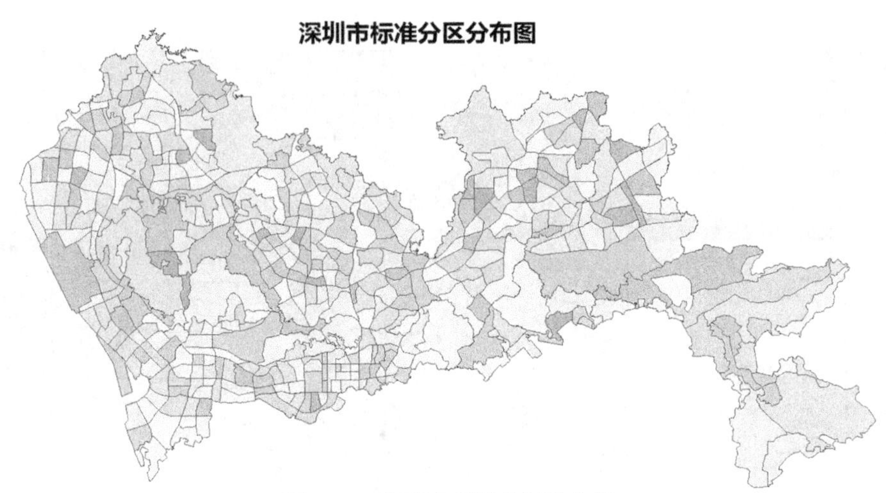

图 7.2.4　深圳市标准分区分布图

（5）行政区划图

行政区划图是指以空间图形——面的形式表达城市的行政区划边界，包括区划名称和区划编号。图 7.2.5 ～图 7.2.7 是行政区图、街道图、社区图的示意图。

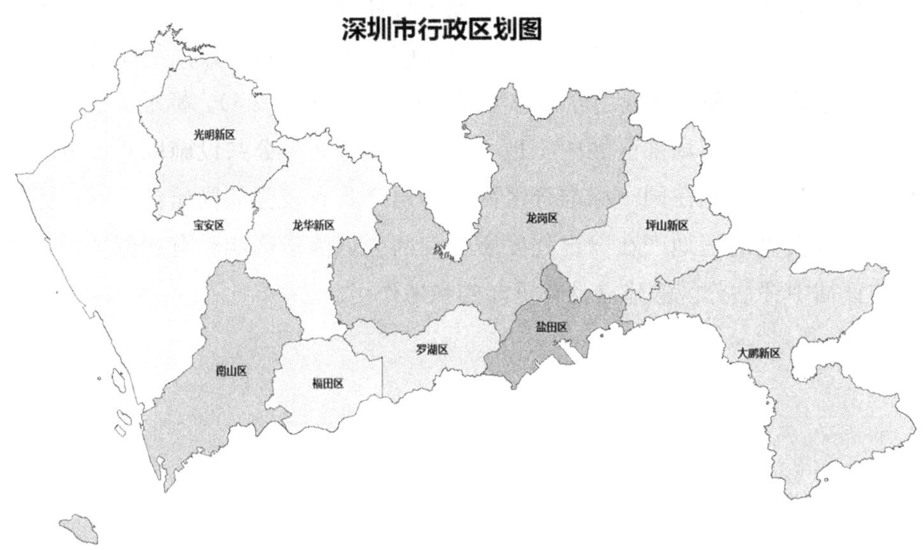

图 7.2.5　深圳市行政区图

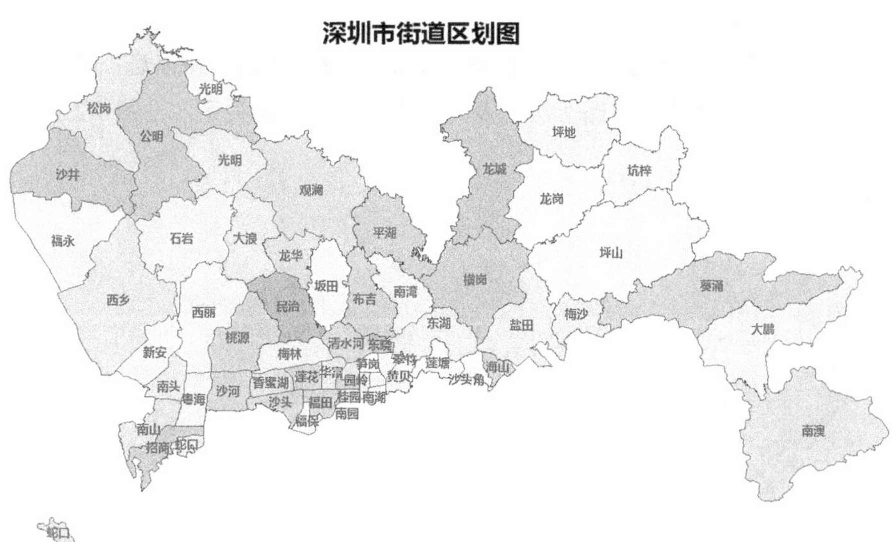

图 7.2.6　深圳市街道图

图 7.2.7　深圳市社区图

（6）道路图

道路图是指以空间图形——面的形式表达城市规划道路信息，包含道路边界信息、道路名称、道路等级以及与临近道路的拓扑关系（见图 7.2.8）。

图 7.2.8 道路示意图

（7）地铁站点分布图

地铁站点分布图是以空间图形——点的形式表达地铁站点的空间信息（见图 7.2.9、图 7.2.10）。在房地产批量评估中，房地产的交通便捷度信息对房地产的价值有一定的影响，房地产与地铁站点的通达距离在一定程度上能够反映房地产的交通便捷度，因此可以通过房地产与地铁站点的通达度指标获取房地产的交通便捷度信息，并细化在评估模型中。

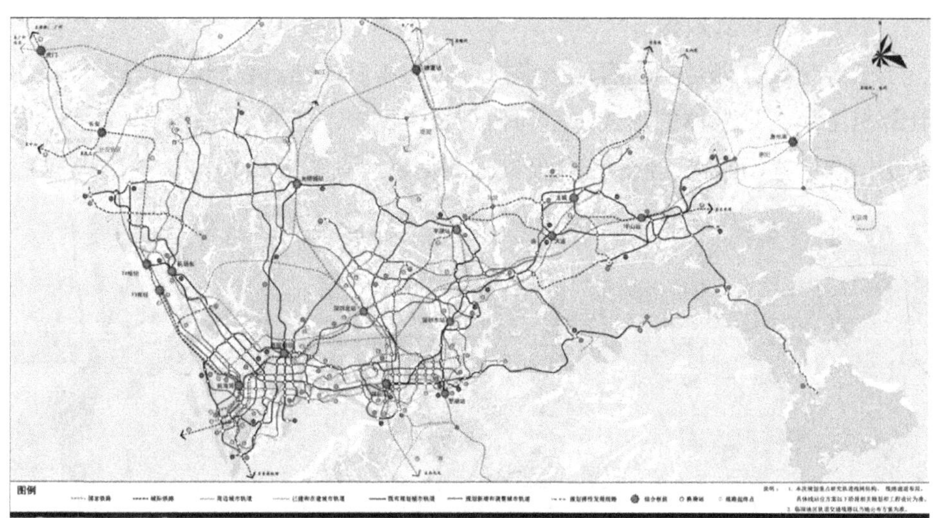

图 7.2.9　深圳市地铁线路图

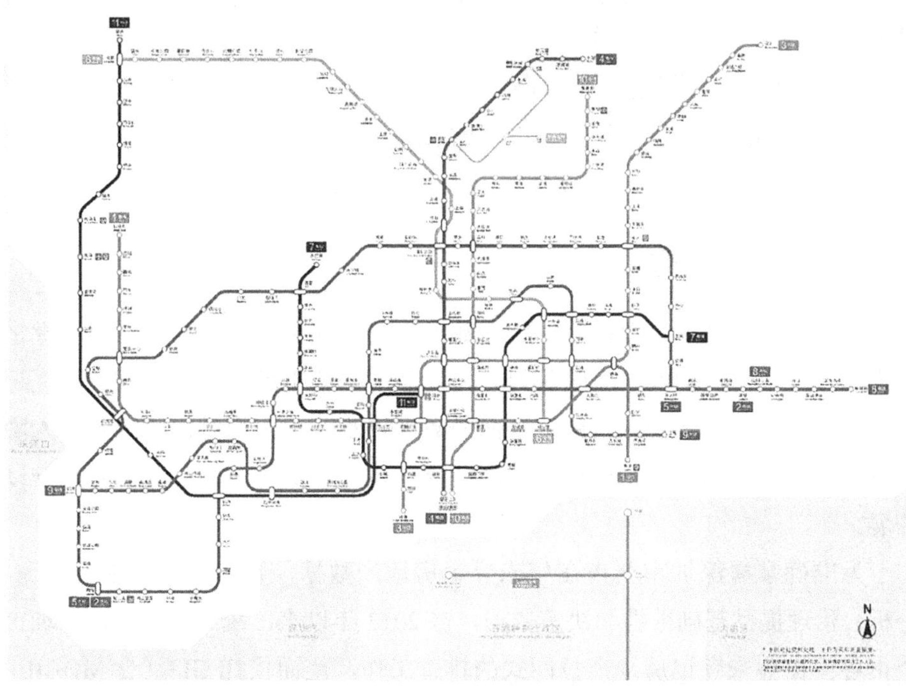

图 7.2.10　深圳市地铁站点示意图

（8）三维仿真数据

三维仿真数据是实现房地产虚拟现实的物质基础。它能够将现实世界在计算机上以三维立体的形式将空间信息表达出来，能够全视角、全方位地展示房地产位置、形状、景观环境及交通等信息（见图 7.2.11）。

图 7.2.11　三维仿真示意图

（二）案例数据调查

评估工作需要大量数据，传统的数据收集方式主要通过从政府部门批量收集，通过专门机构或公司收集等。与商品房销售市场相比，深圳市未登记房地产销售市场的公开、权威、全面的数据较难获得，同时由于涉及个人隐私与法律准入问题，对未登记房地产销售主体与购买主体的公开调查也难以开展。

为准确掌握深圳市全市在售未登记房地产数据，为未登记房地产监测、分析、治理提供基础数据和决策依据，自 2013 年以来，统一部署了对深圳市全市各区在售未登记房地产拉网式的排查工作，全面依托 GIS（含 MOBILE GIS）、GPS、RS（遥感对地观测）协同行动的技术手段（以下简称“3S 排查方案”）精确定位在售未登记房地产的地理坐标，基本实现对在售未登记房地产楼盘的建筑面积、在售价格、在售户型、物业服务、装修情况、停车位等情况进行常态化、全方位监测。

案例数据调查的基本要求是：

一是充分利用已有调查成果；

二是外业调查时应对每个目标图斑进行实地调查；

三是权属界线应标注清楚、位置准确、标示规范；

四是图件、数据、实地三者应一致。

1. 调查数据来源

为保证数据真实性、可靠性与全面性，尽可能使研究成果建立在全面、权威、真实的数据基础上，采取多途径、多手段、多种方法去收集各种信息源的数据，该部分数据来源包括网络调查和线下调查：网络调查来源主要包括深圳小产权门户网、58 同城（58 同城小产权专卖店铺）、赶集网、搜房博客等各大网站上未登记房地产销售数据、来源于深圳未登记房地产 QQ 交流群的信息以及通过“小产权房”等关键词基于网络搜索引擎得出的搜索结果等（虽然通过两次土地国有化，深圳在严格意义上已经不存在小产权房，但在各大网站、QQ 群以及民众交流时，小产权房一词更为普遍）；线下调查来源则主要包括统建楼、村委集资楼的路边张贴销售广告、散发的传单、个别楼盘调查或现场踩盘信息。

2. 案例调查流程

和商品房成交由政府强制登记不同，未登记房地产的案例数据获取是一件困难的事，经过不断试错和情报收集，充分使用地理信息系统 GIS、移动导航 GPS、街景技术和卫星对地观测 RS 技术，探索出案例调查六步走的套路，如图 7.2.12 所示。

图 7.2.12　案例调查流程图

（1）锁定目标

以主流媒体集中关注“小产权房”等事件为切入点，引入重点排查对象，从主流媒体报道、土地监察支队的梳理报告等途径寻找线索，结合政府巡查、网络监测、销售传单等三大情报来源，将收集的楼盘与未登记房地产一张图地址匹配，最终锁定需要实地排查的楼盘量。

（2）制订排查计划

基于全市成交未登记房地产楼盘线索分区划分调查路线，确认在售未登记房地产巡查区域，调查楼盘数量，加强重点楼盘核查，统筹调查进度安排，做好人员任务分工，保证调查不重不漏。

（3）内业图斑准备

在外业调查出发前，内业监测人员使用规划国土一张图系统，运用 GIS 技术制作调查底图，模糊框选出在售未登记房地产所在区域，并在图上标识信息制成调查底图，然后根据调查区域、楼盘分布及道路实际情况制定最佳调查线路和相关导航信息（见图 7.2.13）。

图 7.2.13　调查底图

（4）外业勘察测点定位

实地调查。根据现有影像图查找到未登记房地产具体位置后，核实楼栋名称是否内容一致，查看建筑形态、楼层、建设时间、建筑面积、现状用途、权属调查等项目。在影像图上确认并标识出来，然后采用手持 GPS 设备对楼盘的界址点进行测量，精确定位在售楼盘的经纬度。

拍摄照片。将建筑物外观形象、建筑形态（塔点式、有无裙楼）、本栋入户门及门牌号等情况拍摄完整、清晰，其中楼盘照片包括楼盘正面、背面、周边信息等（见图 7.2.14）。

图 7.2.14　调查楼盘拍摄照片

填写调查表格。考察楼盘门牌地址信息、楼层数，确认各楼层用途，并将外业调查表格填写完整（见图 7.2.15）。

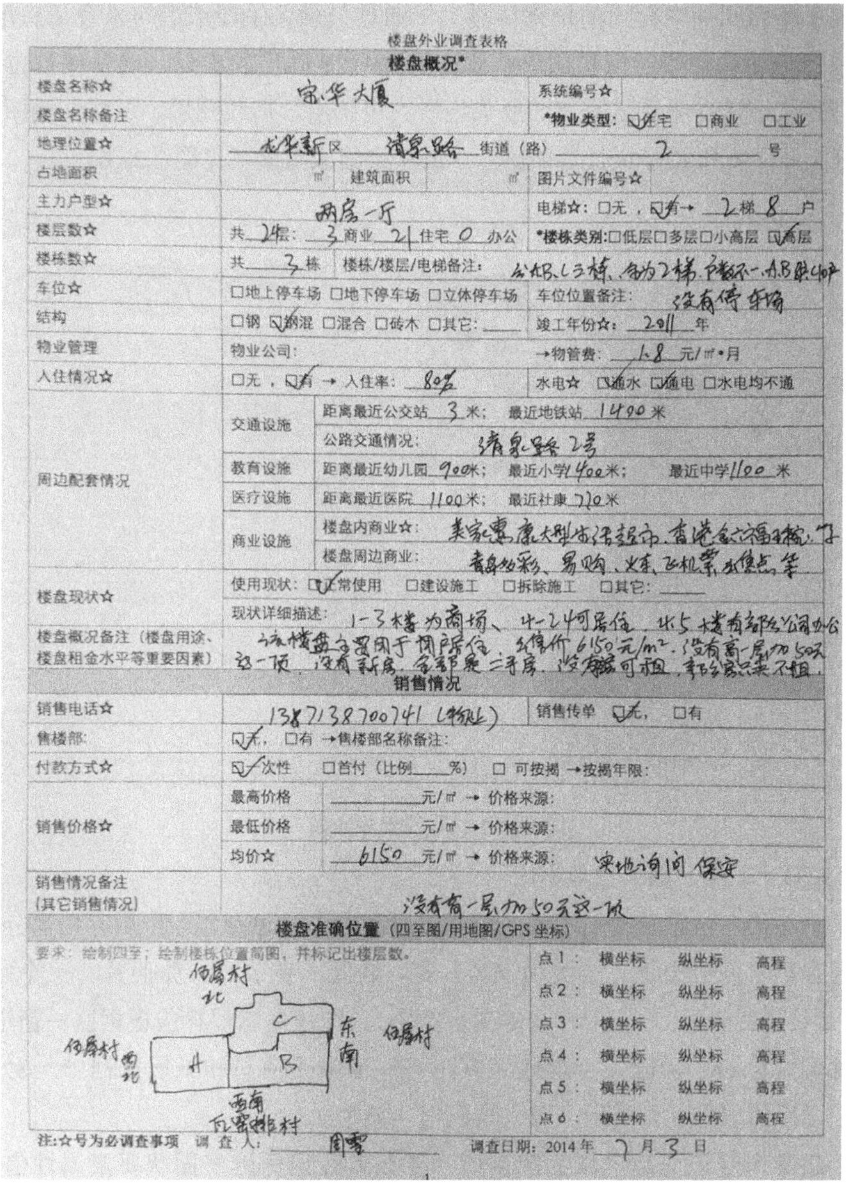

楼盘外业调查表格

楼盘概况*			
楼盘名称☆	宏华大厦	系统编号☆	
楼盘名称备注		*物业类型：☑住宅　□商业　□工业	
地理位置☆	龙华新区　清泉路 街道（路）　2　号		
占地面积	㎡　建筑面积　㎡	图片文件编号☆	
主力户型☆	两房一厅	电梯☆：□无，☑有→　2 梯 8 户	
楼层数☆	共 24 层：3 商业 21 住宅 0 办公	*楼栋类别：□低层□多层□小高层 ☑高层	
楼栋数☆	共 3 栋	楼栋/楼层/电梯备注：分A、B、C三栋，各为2梯，户数不一，A、B栋4户	
车位☆	□地上停车场 □地下停车场 □立体停车场	车位位置备注：没有停车场	
结构	□钢 ☑钢混 □混合 □砖木 □其它：____	竣工年份☆：2011 年	
物业管理	物业公司：	→物管费：1.8 元/㎡•月	
入住情况☆	□无，☑有 → 入住率：80%	水电☆ ☑通水 ☑通电 □水电均不通	
周边配套情况	交通设施	距离最近公交站 3 米；最近地铁站 1400 米	
		公路交通情况：清泉路2号	
	教育设施	距离最近幼儿园 900米；最近小学 400米；最近中学 1100 米	
	医疗设施	距离最近医院 1100米；最近社康 720米	
	商业设施	楼盘内商业☆：美宜惠、康太型生活超市、香港金六福珠宝、[illegible]	
		楼盘周边商业：青岛多彩、易购、火车、飞机票代售点、等	
楼盘现状☆	使用现状：☑正常使用　□建设施工　□拆除施工　□其它：____		
	现状详细描述：1-3楼为商场、4-24可居住，45楼有部分公司办公		
楼盘概况备注（楼盘用途、楼盘租金水平等重要因素）	该楼盘主要用于用户居住，均价6150元/m²，没有高一层加50元这一项，没有新房，全部是二手房，没有房可租，部分房只卖不租。		
销售情况			
销售电话☆	1387138700741（物业）	销售传单 ☑无，□有	
售楼部：	☑无，□有 →售楼部名称备注：		
付款方式☆	☑一次性　□首付（比例____%）　□ 可按揭 →按揭年限：		
销售价格☆	最高价格	____元/㎡ → 价格来源：	
	最低价格	____元/㎡ → 价格来源：	
	均价☆	6150 元/㎡ → 价格来源：实地询问保安	
销售情况备注（其它销售情况）	没有高一层加50元这一项		
楼盘准确位置（四至图/用地图/GPS 坐标）			
要求：绘制四至；绘制楼栋位置简图，并标记出楼层数。 伯爵村 北 C 东 伯爵村 伯爵村 西 A B 南 北 西南 瓦窑排村	点 1：横坐标　纵坐标　高程 点 2：横坐标　纵坐标　高程 点 3：横坐标　纵坐标　高程 点 4：横坐标　纵坐标　高程 点 5：横坐标　纵坐标　高程 点 6：横坐标　纵坐标　高程		

注：☆号为必调查事项　调 查 人：周雪　　调查日期：2014 年 7 月 3 日

1

图 7.2.15　外业调查表

（5）楼盘定位和矢量化处理

运用 RS 技术和卫片成果，对在售楼盘界址点进行矢量化处理，按栋为基本单元勾画在售楼盘基底图斑和最近两期卫片对比图斑。

在遥感底图中标识的位置信息上，通过矢量化手段或者与未登记房地产一张图叠加确定楼盘矢量图形；通过手持 GPS 确定的楼盘，确认楼盘位置，并进行矢量化。然后运用 GIS 叠加地质灾害图层、橙线图层、道路红线图层、耕地及基本农田图层执行专项核查，最后绘制成果图（见图 7.2.16）。

005 光明新区公明街道融域名城在售违法建筑

楼盘名称	融域名城		
地理位置	光明新区公明街道塘家北路附近		
占地面积	4 456.79 m²	建筑面积	142 617.28 m²
楼栋楼层	10 栋/32 层/1 层商业/31 层住宅		
车位	有		
电梯	2 梯 6 户		
物业管理	有		
销售均价	6 500 元/m²		
核查情况	无		

图 7.2.16　成果图绘制

（6）“一楼一档”建数据库

整理楼盘信息及存档工作。做好纸质和电子信息存档。纸质存档需分类、分区存档，便于查询。分类为一楼一档，包括一张表、一张照片、一个底图（楼盘位置标识）、一张卫片（测量示意图）。图片信息保存应根据区—街道—楼栋照片分级、清晰、合理地保存，并保证电子信息和纸质文档一一对应，便于以后的成果制作展示、查询与应用（见图 7.2.17）。

建立未登记房地产楼盘数据库。补充未登记房地产面状要素属性信息，建立未登记房地产楼盘数据库。

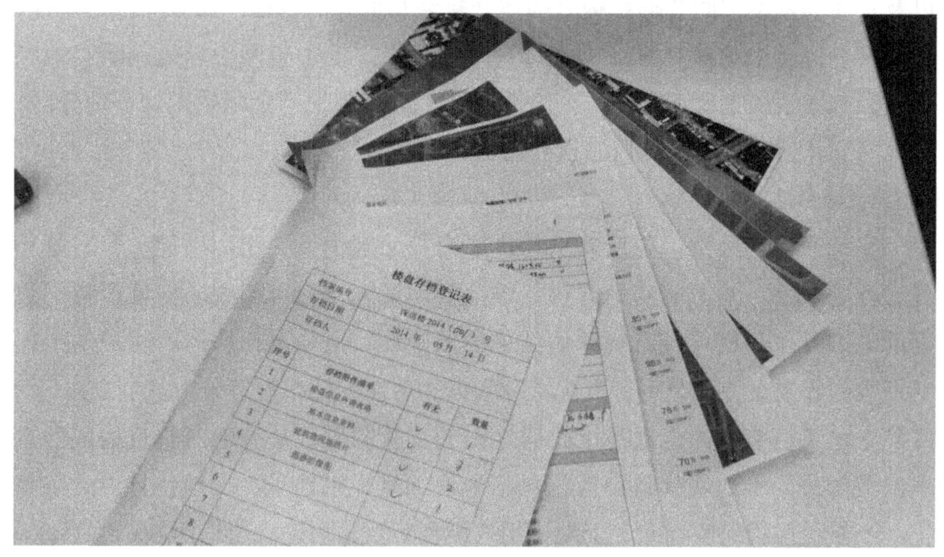

图 7.2.17　案例存档内页

3. 调查数据内容

根据我国建设部出台的《房地产估价规范》（GB/T 50291—2015）规定，房地产估价需收集以下数据：反映估价对象状况的资料；对房地产价格有普遍影响的资料；对估价对象所在地区房地产价格有影响的资料及相关房地产交易、成本、收益的实例资料。而在国际估价官协会出版的《房地产批量评估标准》（2013）中对批量评估收集的数据则规定更为明确，主要包括地理空间数据、物业特征数据、销售数据、收益与费用数据、成本与折旧数据等。两者对数据收集的要求实际上是异曲同工的，如物业特征数据既包括了反映估价对象状况的资料，也包括了部分影响房地产价格的资料；房地产交易实例资料即是销售数据；收益、成本实例等同于收益与费用数据、成本与折旧数据。只是地理空间数据在我国的估价规范中没有提及，这是因为传统评估虽会分析待估对象的区位因素，但对地理空间数据往往未加利用。因此，根据规范的要求及批量评估的需要，需收集的数据可以分为以下几类：

（1）地理空间数据

地理空间数据是指用来表示空间实体的位置、形状、大小及其分布等诸多方面信息的数据，以坐标和拓扑关系的形式存储。它是一种用点、线、面以及实体等基本空间数据结构来描述来自现实世界的目标，具有定位、定性、时间和空间关系的特性。在房地产评估过程中，地理空间信息是判断房地产区位影响因素的主要参考依据，主要包括土地和房地产空间数据、评估分区、行政区划、道路分布、交通站点分布、学区分布等内容。

（2）房地产特征数据

房地产特征数据，是反映房地产所有权、区位、大小、用途、配套等物理特性的数据，是影响房地产价值的重要因素之一。可以说，房地产特征数据的详细程度，将直接影响评估结果的准确性。主要包括房地产相关的土地特征数据、楼盘特征数据、楼栋特征数据和房屋特征数据等。

土地特征数据。土地是承载房地产的物质基础，是房地产价值构成的重要组成部分。土地基础特征数据包括地块编号、宗地号、土地位置、土地登记、产权状态、地块状态、土地使用权类型、土地用途、用地面积、总基地、土地使用年限、土地出让起始时间、土地出让结束时间等信息。通过对土地基础信息的了解，能够使评估人员加深对房地产价值构成的认识，准确把握房地产评估价值。

楼盘特征数据。楼盘特征数据描述了房地产楼盘相关的特征信息，是决定楼盘和楼栋品质、判断房屋价值影响因素的重要参考依据。因为房地产项目经常是以楼盘的形式统一建造的，因此，同一楼盘内的楼栋特征和房屋特征具有众多相似之处，这其中主要包括：楼盘名称、位置、绿化率、容积率、景观环境、建造年代、停车位数量、物业管理费、楼盘内及楼盘外配套设施等。另外，楼盘独有的特征信息包括楼栋总数、房屋总套数、总建筑面积、占地面积、开发商名称、开发商地址及开发商法人代表等。这些特征信息详细记录了楼盘的基本情况，是辅助评估人员了解待估房地产品质、评估房地产价值的数据基础。

楼栋特征数据。楼栋特征数据描述了房地产楼栋相关的特征信息，是房屋价值的决定性因素之一，因此，楼栋特征信息不仅要全面，而且要准确。从现有收集到的楼栋数据情况来看，楼栋特征信息主要包括楼栋编号、楼栋名称、所在分区、所在宗地号、建筑性质、建筑类型、建筑结构、建筑用途、楼栋总层数、电梯户数比、竣工日期、使用年限、基地面积、建筑面积及权利人信息等。这些特征信息从各个角度描述了楼栋的基本情况，是辅助房地产评估人员全方位了解楼栋品质进而判断房屋品质的重要参考依据。同时，也是批量评估理论中构建楼栋内比价关系和楼栋间比价关系的数据基础。

房屋特征数据。房屋特征数据描述了房地产房屋相关的特征信息。房屋是评估工作中最小也是数量最多的评估单元，其所包含的特征信息由两部分构成，分别为房屋数据和产权数据。其中，房屋数据描述了房屋自身的特征信息，是判断房屋品质、决定价值的重要因素之一，其内容主要包括房屋编号（如有）、房屋号、房屋性质、房屋类型、房屋用途、房屋结构、朝向、所在层数、所在楼栋、装修情况、建筑面积和使用面积等。

（3）房地产价格数据

房地产估价是评估房地产的价值，而价格是价值的外在表现形式。房地产价格数据都是房地产批量评估过程中重要的参考依据，能够直接影响评估结果的准确性和一致性。因此，在数据收集时，应收集尽可能全面的价格数据为估价服务。每种价格数据都有其自身特点，能够在不同的评估阶段发挥各自的作用，比如挂牌价格虽然不能直接使用于估价过程，但可以应用于结果检验与审核。价格数据一般包括交易数据、挂牌数据、第三方个案评估数据、抵押数据等，但基于未登记房地产交易市场的特殊性，一般仅能获取交易数据或部分的挂牌数据等。

交易价格是房地产权利人采取买卖的方式将其房地产转移给他人，由房地产权利人（作为卖方）收取或他人（作为买方）支付的货币或实物、无形资产和其他经济利益的价格。

交易价格数据包括新建房销售价格和存量房交易价格。基于未登记房地产交易市场的特殊性，这些数据一般只能通过调查来获取，或者在极个别情况下通过房屋中介来获取，其数据内容主要包括物业名称、地理位置、总层数、所在层、物业面积、交易时间、交易总价、交易单价、交易类型、物业户型、数据来源等。

挂牌价格，主要指房地产个人或中介在网站上发布的待售或待租房地产的价格。挂牌价格数据内容除了交易物业的房地产地理信息与特征信息外，还主要包括案例装修情况、房龄、总价（或月总租金）、单价（单位面积月租金）、挂牌时间等信息。

挂牌价格一般可用于大范围内房地产评估结果的检验，但是由于挂牌价格与实际交易价格有一定差距，因此其价格利用具有一定局限性，无法直接进入评估模型进行房地产批量评估。

收益与费用数据。收益与费用数据主要针对采用收益法估价的房地产。收益性房地产主要用于经营，交易价格相对匮乏，租金数据相对容易调查。除此之外，如有可能还应收集空置率、税费、维修费、物业管理费等费用数据，以及收益法所需的其他数据。

成本与折旧数据。基于成本法的评估是未登记房地产评估的其中一个重要方法。评估工作需收集各类型房地产的成本与折旧数据，并根据当地市场水平适当调整，为基于成本法的批量评估提供基础数据。根据成本法的要求，主要收集的相关数据包括以下九类：一是房地产所在土地的土地取得成本，含市场地价及基准地价数据；二是开发成本，包括勘查设计费、建安工程费、配套或基础设施费等；三是管理费用，指组织和管理房地产开发经营活动的费用；四是投资利息；五是重置价格，是指按上一年重新建造与应计算重置价的房屋相同结构、相同建筑标准、相同质量的房屋所需要的价格；六是折旧，是指根据固定资产预计使用所限，在其原值减去净残值的基础上平均摊入每月的成本；七是开发利润，是由销售收入（售价）减去各种成本、费用和税金后的余额；八是销售费用，是指销售房地产所必需的费用；九是销售税费，是指销售房地产应缴纳的税费。

违法建筑特有数据。未登记房地产评估对象差异非常大，对其进行评估还需掌握其分类数据。深圳的主管部门动员各级政府、事业单位，动用 3 亿元预算经过 3 年的调查时间，比较早地掌握了全市未登记房地产的一本账。按照各区政府普查申报的统计，未登记房地产类型共 63 种，有多栋成套楼盘的、有单栋私宅、有宿舍，甚至还有老平房和加建祖屋、祠堂。

依据深圳市政府 2013 年“第 243 号批复”的法定建筑用途，可将居住类未登记房地产归纳为三类标准用途（见图 7.2.18）。第一类多栋住宅指仿照商品房开发模式，2 栋以上高层成套住宅未登记房地产构成一个楼盘，一般都有楼名称且占地较大，例如“佳和园”“金色阳光”“山水家园”“贤华大厦”“盛世江南”等；第二类私人自建房一般是占用政府划定的原农村宅基地建设的单栋住宅楼，如“宝华阁”等，这种自建房成套住宅一般占地100～150平方米左右，十几层，一般房东住顶楼，底下楼层出租；第三类，宿舍，是在工业园区周边公司工厂搭建的员工宿舍，一般是门和阳台对开的单住房间。

图 7.2.18 居住类未登记房地产分类

（三）数据处理

由于获取的原始数据来源不同，组织方式也不尽相同，这些数据各自零散地存在着，尚未形成有机联系的评估数据库，因此，在数据建库之前，需要对原始数据进行各种数据处理。首先，要在不同来源的数据之间建立起关联，使得零散的数据成为相连的整体，这种建立不同来源数据间关联的过程就叫数据匹配；其次，获取的原始数据格式、类型、内容存在差异，为使这些数据能在一个共同的计算平台中参与整体评估，需要对这些数据进行数据转换及数据标准化；第三，在整体评估过程中，区位因素是影响房地产价值的一个重要因素，为能辅助决策区位因素的影响程度，需要对房地产的空间数据进行各种空间操作处理，如地图矢量化、坐标变换、缓冲区分析、叠加分析、空间量算等。下面将详细阐述这三类数据处理工作。

1. 数据匹配

数据匹配采用计算机自动匹配和人工匹配两种方式。计算机自动匹配主要是通过发现两种数据间特定的对应规律，将其内化为具体的计算机程序来实现匹配。根据匹配精度的不同，分为完全匹配和模糊匹配。当两种数据间的对应规律不明显或者毫无规律，无法内化为具体的计算机程序去自动匹配时，需要借由人工判断完成匹配，这种匹配过程叫人工匹配。

一般来讲，计算机自动匹配效率高，匹配过程可控，匹配结果较为准确，而人工匹配效率较低，匹配过程可控性较低，匹配结果准确度因人为判断依据的不同而不尽相同，但人工匹配仍然是数据匹配中非常重要的一环，是对计算机自动匹配最有效的补充。

2. 数据转换及数据标准化

数据转换是将数据从一种表现形式变为另一种表现形式的过程，通过转换，可以确保不同的源数据在语义上的一致性，包括数据格式转换、数据类型转换以及数据内容转换。数据格式转换是指将不同格式的数据文件转换成统一的数据格式类型，如将 Excel、Access、Oracle 文件类型统一转换成 Oracle 格式在统一的数据库平台中使用。数据类型转换是指同一特征在不同的数据格式中，由于其数据类型（如文本型、数值型、日期型）不一致，需统一数据类型的转换，如楼层特征，有文本型和数值型，在评估中需要将文本型统一为数值型。

数据标准化是指将不同表现形式的数据转换为指定规则的标准化信息，使其能直接被计算机程序识别和应用。数据标准化是数据转换的重点，也是评估数据处理工作中的重要环节。由于原始特征数据表达在登记的过程中缺乏规范性要求，特征值为不规范的描述性信息，因此还要对评估过程中的关键特征进行数据内容转换，如物业名称、户型、物业类型等特征，通过建立规则，对数据进行合并、清理和整合。

下面以实践中常见的地址数据标准化工作的两种情况为例具体说明（见图 7.2.19）。其一，所获取到的未登记房地产地址数据，有些只记有“凤凰社区”，但凤凰社区在黄贝、光明、平湖、布吉、福永5个街道都有，这样会影响该记录的唯一性。因此，需要依据该记录具体所在的村落、道路信息或X、Y坐标进行空间定位，对其进行标准化转换，最后把全部未登记房地产数据格式规范为区+街道+社区（或道路）+号码的标准数据。其二，很多未登记房地产数据都有重复信息，比如某地址表达为“龙华新区城市明珠花园1栋1栋8D”，需要对其标准化，能准确提取到楼号“1栋”及房号“8D”等关键信息。针对这些情况，开发出了智能地址识别软件，对上述大部分原始数据进行标准化。

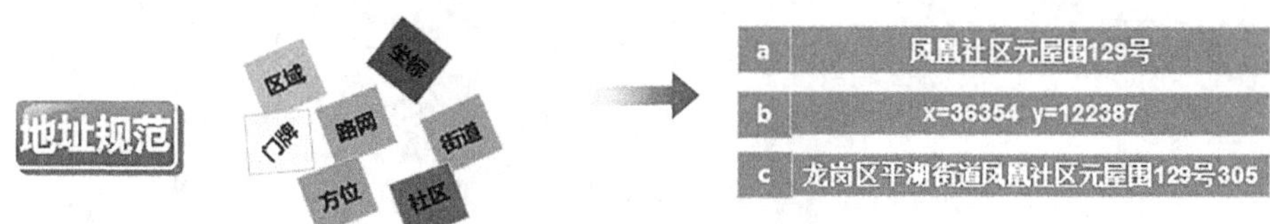

图7.2.19　地址匹配

3. 空间操作

空间操作是对空间数据进行分析操作的统称，根据作用的数据性质不同，可以分为：基于空间图形数据的操作，如地图矢量化、坐标变换、图形拼接、空间量算、缓冲区分析、叠加分析、空间统计等；基于非空间特征的操作，如基于非空间特征的逻辑运算和数理统计分析等；空间和非空间数据的联合操作，如空间与非空间数据的特征关联等。

（1）地图矢量化：为了精细化评估的需要，在房地产数据处理中采用GIS矢量化工具对影响房地产价格的重要地物要素进行矢量化处理，如对地铁站点、星级酒店、建筑物基底边界等进行矢量化处理，以便于进行空间分析和量算。对于空间地物要素的矢量化类型根据地物要素特点和评估需要而定，如地铁站点可矢量化为点要素，建筑物可矢量化为多边形要素，道路可以矢量化为线要素等，如图7.2.20所示。

图 7.2.20　建筑物基矢量化示意图

（2）坐标变换：主要是指对栅格数据和矢量数据进行坐标变换，栅格数据利用 GIS 的空间配准工具进行坐标变换，矢量数据利用 GIS 的空间校正工具进行坐标变换。不论采用哪种方法进行坐标变换，都是为了使得空间数据具有一致的空间坐标系统，以便于对空间数据进行统一的处理和分析。

（3）图形拼接：是指按照空间位置关系，将若干幅地图拼接成一套整幅的地图，以便于从整体上对数据进行分析。评估主要是对遥感影像数据进行图形拼接，使得分幅采集的影像数据成为整体，如图 7.2.21 所示。

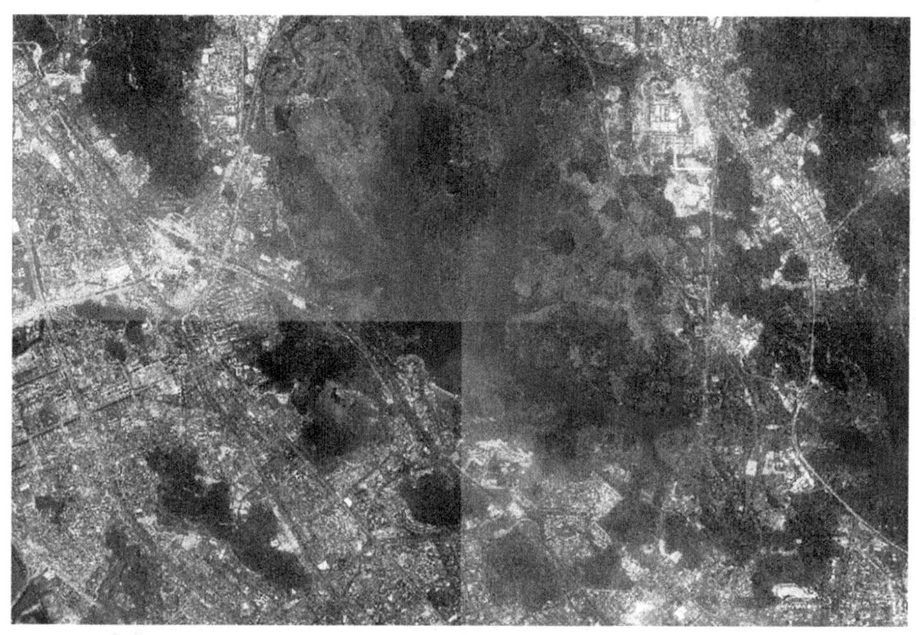

图 7.2.21　图形拼接示意图

（4）空间量算：主要包括距离量算、周长量算和面积量算。通过空间量算，可以便捷地获取房地产之间的距离，如可利用距离量算获取房地产与地铁站点之间的直线距离等，如图 7.2.22 所示。

图 7.2.22　空间距离量算示意图

（5）缓冲区分析：是以某一个点（线或者面）为中心，以某一距离为半径，围绕地图要素形成具有一定范围的多边形实体。该方法在空间案例选择、房地产价格影响因素分析等方面非常有用。例如，可以基于某一个公园建立缓冲区，分析缓冲区内房地产价格的分布和空间变化趋势，从而得出公园对周边房地产价格的影响程度。还可以针对地铁站点进行缓冲区分析，对距离地铁站点不同范围内的房地产进行筛选、提取和处理。在评估中，主要利用缓冲区分析进行非住宅房地产的空间查询、提取和影响范围分析，如图 7.2.23 所示。

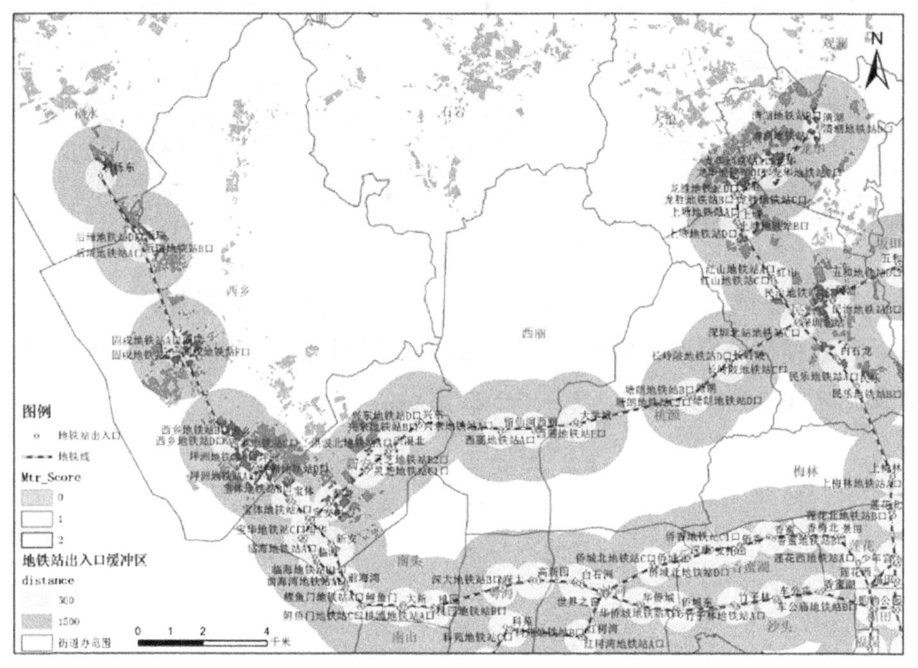

图 7.2.23　缓冲区分析示意图

（6）叠加分析：是地理信息系统中用来提取空间隐含信息的重要方法。叠加分析是将代表不同主题的各个数据层面进行叠加产生一个新的数据层面。空间叠加可以用于空间案例的选择，可以基于空间距离或范围进行交易案例的选择，要实现空间选择案例，交易案例必须要具有空间位置，基于空间位置选择交易案例对于传统的基于特征选择案例是一个非常好的补充，这使得基于区位的案例筛选可以做得更精细，如图 7.2.24 所示。

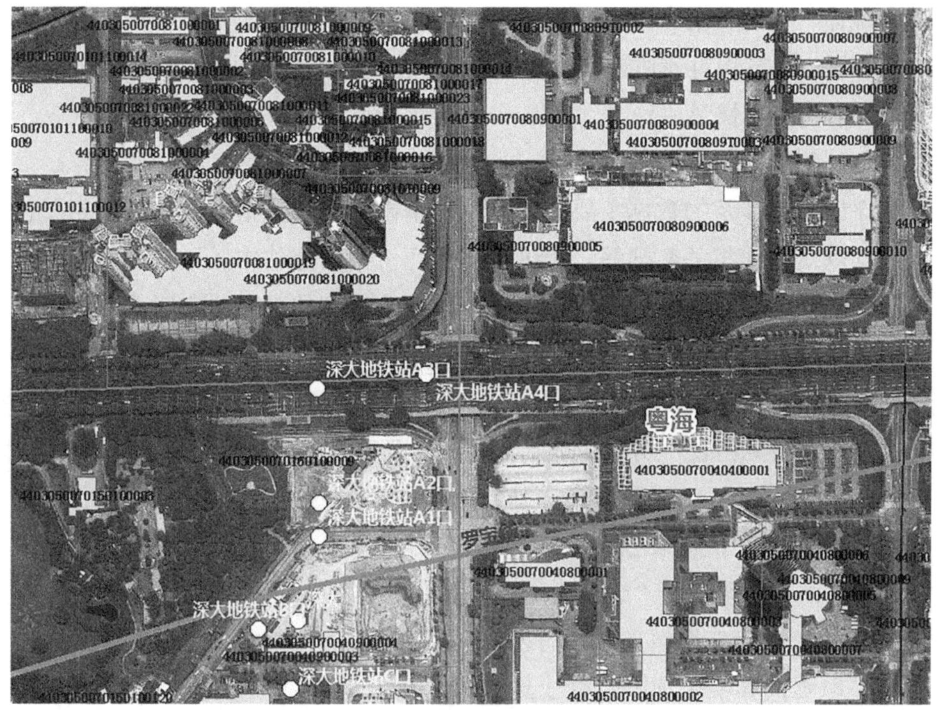

图 7.2.24　不同空间地图叠加示意图

（7）空间统计：是指基于某一空间范围，统计范围内空间要素的相关信息，常用的如统计某一范围内的房地产数量、面积、价格等。使用空间统计主要是基于空间数据统计房地产物业数量、面积、交易均价等，将价格或数理信息与空间数据关联，综合利用各种地图符号对价格信息进行渲染，使得价格或数理分布与变化通过空间和颜色表现出来，一方面可以更直观地分析价格的空间分布规律，另一方面通过将房地产价格上图，可以更高效地进行评估结果的检验与校核。

（四）数据模型

数据模型指的是在明确数据各自特点以及各类数据之间的内在联系的基础上，通过充分归纳和抽象，总结出一套结构稳定、满足实际需要的房地产数据组织管理方式。在评估基础数据库的建设过程中，通过建立数据模型，实现土地、楼栋、房屋（以下简称“地 - 楼 - 房”）与状态属性一体化管理和查询统计、实现房地产时空数据的结合应用以及实现更丰富更灵活的数据多维度分析。本节将对评估过程中应用的各种主要数据模型进行详细介绍。

1. 网状数据模型

（1）房地产基础信息的关联

评估工作涉及的数据主要包括房地产基础数据、价格数据、评估相关技术数据以及其他相关数据等。无论在房地产价格的评估中，还是在其他的管理应用中，房地产基础数据都是整个体系中最基础的部分，它明确了评估对象的基本信息，同时也是其他数据（如价格数据、评估技术数据等）得以发挥作用的主体。

从客观实际出发，房地产基础信息应包含土地基础信息和房产基础信息，房产基础信息又可以拆分为楼栋基础信息和楼栋内房屋基础信息，而土地、楼栋、房屋这三个主体之间存在着相互依存的关系，这三者之间通过建立依存关系从而构建所谓的“地 - 楼 - 房”模型。

“地 - 楼 - 房”模型是用来描述和反映现实世界中房地产的表现形式。很明显，现实世界中房地产包含土地和房产两方面信息，因此在该模型当中，涉及三个实体两个关系，即土地、楼栋、房屋三个实体，土地与楼栋的关系、房屋与楼栋的关系。具体来讲，“地 - 楼 - 房”模型不仅包含三个实体的基本信息，同时还包含这三个实体之间的关系信息。根据房地产开发的一般模式可知，房地产的项目开发首先必须得到可供该项目开发的某块地的使用权，当这块地确定之后，相应的楼栋才会在相应的地块范围内建造，相应的房屋也就会根据不同的设计分布在该楼栋内。因此一般来讲，土地与楼栋的关系是一对多，并且楼栋的位置是依托土地的位置而存在。而楼栋与房屋的关系也是一对多的关系，房屋也是依赖楼栋而存在，如图 7.2.25 所示。

“地 - 楼 - 房”模型中涉及的房地产本身的信息主要是反映房地产的基本状况和实物状况方面的信息，大体上可分为两类：一类是描述房地产名称、坐落、用途、面积、楼层、装修、楼龄、产权状态及周边配套设施等信息的基础特征数据；另一类是描述房地产空间位置、形状、大小、分布状况及拓扑关系等信息的空间数据，这些统称为房地产的基础信息，其相关内容具体包括：

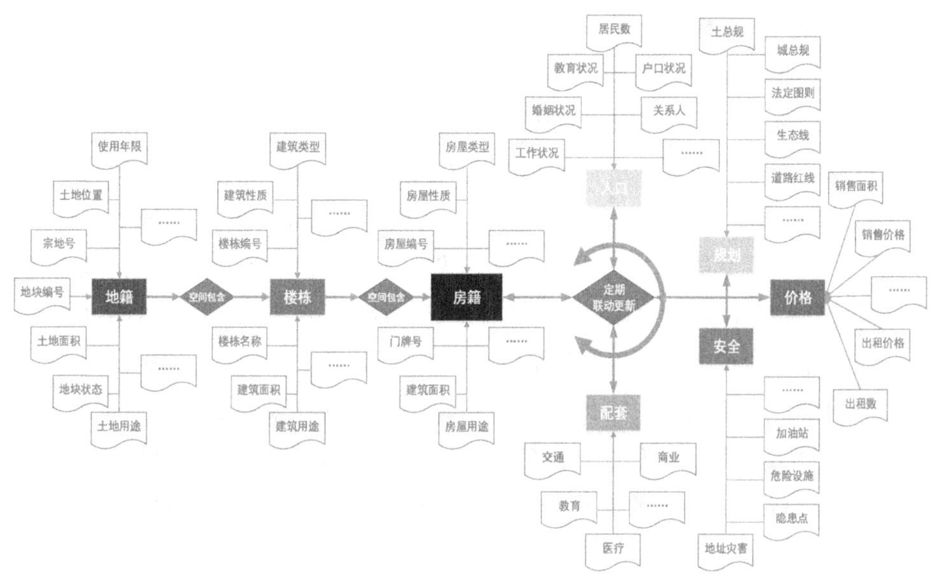

图 7.2.25　结合了“地 - 楼 - 房”与特征状态的网状数据模型

①土地基础信息。土地是承载房产的物质基础，是房地产价值构成的重要组成部分。土地基础信息包括地块编号、宗地号、土地位置、土地登记、产权状态、地块状态、土地使用权类型、土地用途、用地面积、土地使用年限、土地出让起始时间、土地出让结束时间等信息。通过对土地基础信息的了解，能够对房地产价值构成的认识进行深入分析，准确把握房地产价值构成因素。

②楼栋基础信息。楼栋基础信息包括楼栋编号、楼栋名称、所在宗地号、建筑性质、建筑类型、建筑结构、建筑用途、楼栋总层数、竣工日期、使用年限、基地面积、建筑面积等。这些特征信息从各个角度描述了楼栋的基本情况，可以辅助房地产评估人员全方位了解楼栋品质进而判断房屋品质。同时，也是在存量房计税价格评估中构建楼栋间比价关系的数据基础。

③房屋基础信息。房屋是房地产价格体系中最小的构成单元，其基础信息包括房屋编号、房屋性质、房屋类型、房屋用途、房屋结构、所在层数、所在楼栋、装修情况、建筑面积、使用面积及产权状态、产权证号、产权登记时间等信息。房屋这些基础信息反映了房屋的基本情况及其当前的产权状态，清楚地了解房屋的基础信息，有利于评估时对房屋类型的精细划分及房

屋之间比价关系的构建。

（2）房地产状态信息的关联

从横向来看，除了房地产基础信息之外，评估工作涉及的数据还包括价格数据以及影响其房地产价值的其他相关技术数据。同时，站在监管的角度，通过以“地 - 楼 - 房”数据模型为基础，实现对于房地产相关的价格、人口、规划、安全、配套等信息的综合关联建模，将可为治理监管和市政规划提供重要的决策参考，达到“以房查人”、“以房查经（济）”、统筹决策的目的。

这些相关的状态信息主要包括：

①房地产价格数据。房地产价格是其价值的外在表现形式。如本章第二节所述，价格数据一般在未登记房地产评估中一般采集其销售价格、挂牌价格与出租价格；如果涉及需要使用成本法估算的私宅，也将要收集其成本相关数据。

②人口数据。依附于房地产的人口统计数据一般主要包括房产当事人信息、租赁关系信息、人口居住分布、人均面积以及关联者的户籍结构、教育水平、其从事的工作及所属行业等。居住人口结构是居民买卖与租赁考虑的重要因素之一，也是房屋评估价格的重要影响因子，同时在统计、监管等方面更有着重大意义。

商品房与商业房产中的人口相关统计信息一般可以通过房产登记中心、户籍登记部门等政府途径获取，但未登记房地产内的人口统计则相对较难获得。同时，由于这些建筑所在区域等因素的影响，吸纳了大量的外来人口，并为其提供了低廉的安置之所，在一定程度上带动了城市就业。另外，因为缺少相应的公共服务与社会监管，以“城中村”为代表的未登记房地产也汇集了各种社会问题，包括房屋密度过大带来的潜在火灾隐患、社区成员素质不高导致的治安形势严峻、商户游离监管等。深圳市人口数量多，流动人口规模大，且多租住在未登记房地产中，因此，监测、统计全市存量未登记房地产居住人口对全市房地产管理、特区一体化建设、城市转型发展更具有重要意义。

为了有效地搜集未登记房地产居住人口数据，使用 ArcGIS 软件对未登记房地产普查数据与全市人口数据进行地址匹配、编码匹配、坐标定位等技术，对逐条记录进行的数据校准工程，最终获得全市未登记房地产居住人口数据，如图 7.2.26 所示。

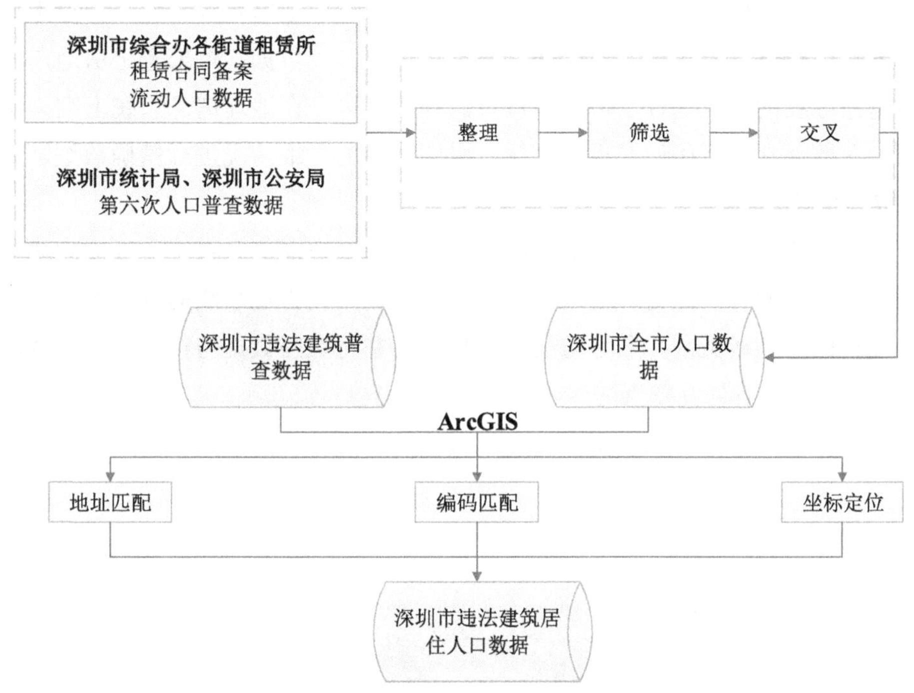

图 7.2.26　深圳市未登记房地产居住人口数据生产流程图

通过对未登记房地产及其居住人口的现状分析，能发现与未登记房地产相关的多种经济社会问题，如未登记房地产内聚集人口数量大等安全隐患。

③规划数据。规划数据主要是指市政规划部门对其设定的土地用途（常见的如“土总规土地用途”“城总规土地用途”“法定图则土地用途”等），并根据全市土地用途而划定的各类地线，较重要的如“道路红线”“基本农田改造区线”“生态三线”“文物紫线”“河道蓝线”等，另外还有监察部门对已认定的未登记房地产而划定的“未登记房地产线”等不同的主题线。

其中，“道路红线”与未登记房地产的评估与监管关系较为密切，以此为切入点可以进行较为缜密的数据获取与信息化工作。道路红线是市政道路规划部门根据城市规模、道路性质、道路两侧用地和交通流量而划定的（见图 7.2.27）。未登记房地产由于建设初期用地范围未经合法审批程序以及抢建搭建成风，未登记房地产压占红线道路情况时有出现，同时由于规划道路红线宽度时未全面考虑红线范围周边建筑密度等原因，全市未登记房地产压占道路红线的情况较为普遍，严重阻碍规划实施、道路建设工作，并给土地整备部门带来巨大压力。通过获取深圳市道路红线数据，对未登记房地产压占道路红线的状况进行了进一步调查，并使之可以在地理信息系统上准确呈现，在数据支持下还针对重点区域、重要道路的详细情况进行精确核查，如图 7.2.28 所示。

在调查与收集政府规划信息的基础上，通过地理信息系统进行规划线数据与建筑物的一一比对，得出全市未登记房地产侵占规划线的各项数据，譬如侵占的规划线类别、名称与侵占面积等，并将这些数据与相关房产关联起来，实现了两者的互联查询。

全市道路红线(法定图则)

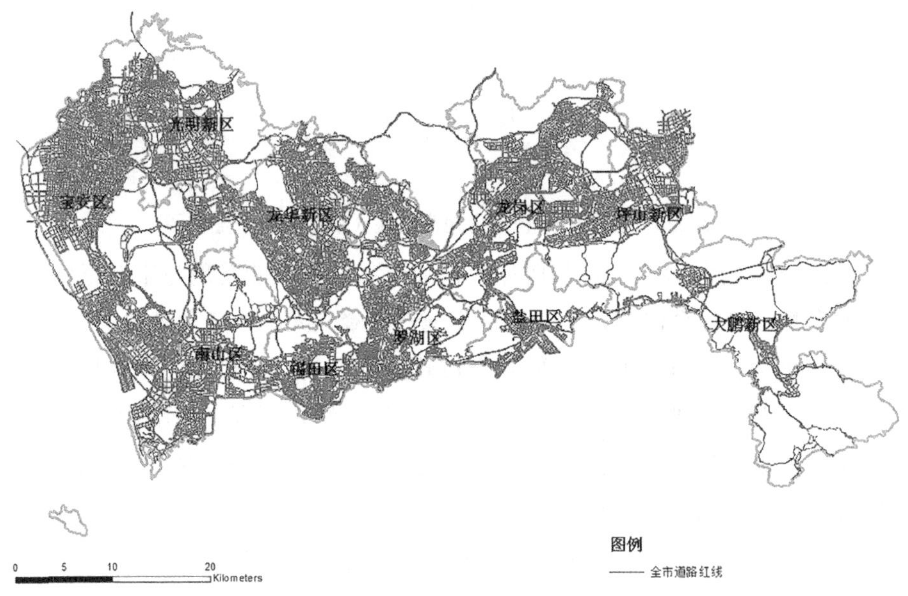

图 7.2.27　道路红线图

图 7.2.28　未登记房地产压占道路红线示意图

④安全数据。安全数据主要包括影响居民观感的厌恶性设施或安全隐患设施的分布（如邻近高压电站或加油站的分布与数量），市政规划部门划定的处于城市重大危险设施（如油气及其他危险品的仓储区、超高压管道等）周边的限制土地利用与开发的“橙线”区域（见图 7.2.29），国土部门经过勘察得出的地质灾害隐患点、地质灾害线等（见图 7.2.30）。

与规划数据的处理方法类似，通过对规划线、灾害线等线状数据与相关的房产进行比对与计算，重点得出建筑物压占地质灾害隐患点、岩溶塌陷地质灾害高易发区、斜坡类地质灾害高易发区及危险设施控制区的类别、位置与面积。另外，收集全市加油站的地理位置，使每个建筑物通过系统的缓冲区分析即可得出周边加油站的分布。

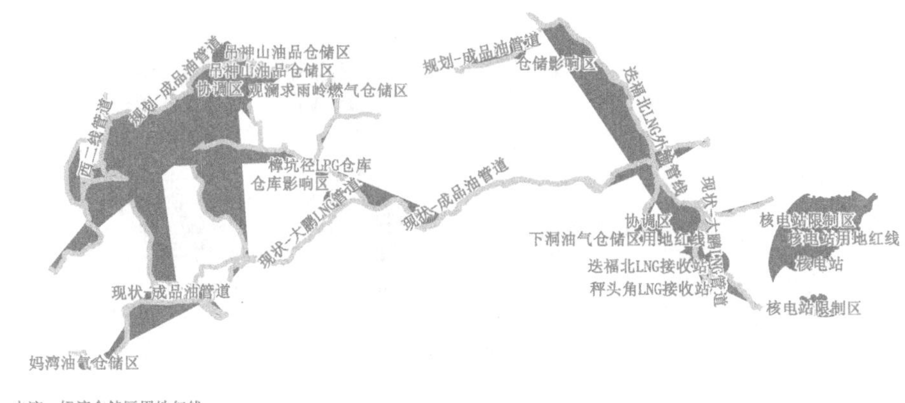

图 7.2.29　橙线控制区域

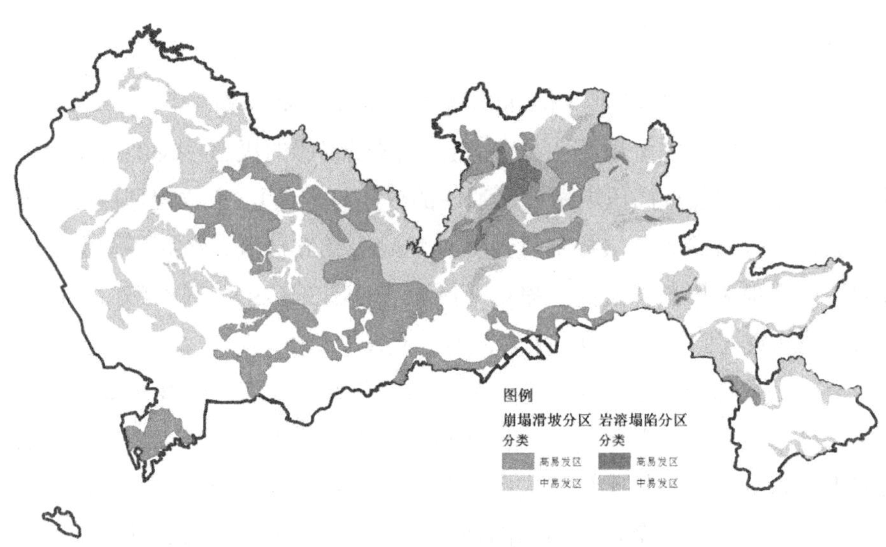

图 7.2.30　地质灾害分区

（3）配套数据

配套数据主要包括周边交通设施、医疗设施、教育设施、公共设施、商圈、工业圈等数据信息。周边配套设施分析是以房地产属性数据库为基础，叠加诸如商品房价格、法定图则、交通站场、地铁线路、重点商圈、物理管理等专题数据库，通过交叉比对分析，以试图分析房地产与周边各项因素的相互影响情况。

其中，未登记房地产的形成过程与公共交通设施的完善密切相关，导致了以公共交通为导向的租房和买房在深圳十分普遍，随着深圳城市化水平的不断提高，“中心•外围”模式的经济社会发展格局逐渐形成，即市中心主要以商业、办公、娱乐等经济活动为主，受制于高额的租房和买房压力，很多人开始在离市中心较远的郊区租房或者买房，其前提条件就是要有便利的公共交通系统。因此，有必要重点分析交通设施与房地产的关系。其中，通过深圳市规划国土委员会获取了轨道交通规划数据、现状道路网数据等，而地铁、交通站场数据则是历年来通过网络、文件等渠道收集，包括了全市 9415 个停车场，全市 6489 个公交站，全市 118 个地铁站，全市 4 个火车站和若干客运站（见图 7.2.31）。另外，专题数据库还包括了超市、银行、医院、学校、派出所等公共设施数据，涵盖经济社会多个领域，并都通过数据模型关联，可供系统调用。

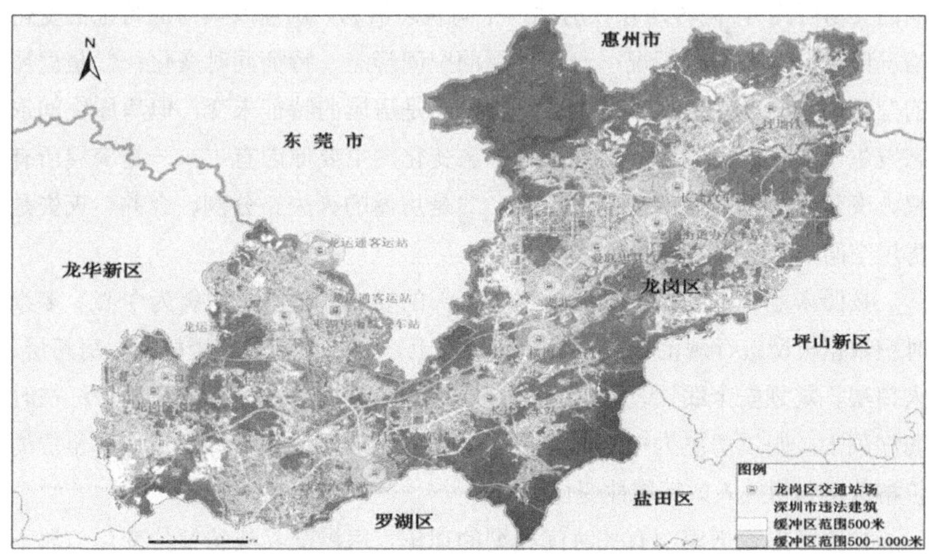

图 7.2.31　交通站场辐射范围示例

可见，上述的这些数据有一个共同特点，就是围绕的实体都是“地 - 楼 - 房”，因此可以将这些数据与其对应的实体建立起联系，建立起以“地 - 楼 - 房”为基础的房地产网状数据模型。

2. 多维时空数据模型

房地产数据不仅具有空间属性，还具有时间属性。房地产是有生命周期的，从微观角度出发，表示房地产从产生到最后使用权结束这一个时间段内，也就是新房阶段、存量房买卖阶段、存量房租赁阶段。在房地产存在的全生命周期内伴随着不同的交换行为，因此有不同的房地产价格、关系人、租赁关系等数据产生。

房地产数据产生的时间不同，类型不同，来源也不同。将这些不同阶段产生的不同类型的价格数据组织起来，可以实现房地产全生命周期属性数据跟踪管理和分析，不仅有利于掌握房地产价格的时间变化，有利于为发现房地产价格变化的内在机制提供依据，还为经济、人口的统计与监控提供了重要的参考依据。

对房地产实体来说，房地产数据既存在时间变化方面的信息（如不同时间的交易行为），同时还存在房地产空间状态信息。房屋及其对应特征的变化情况归纳起来有三种情况：一是房屋的空间形态、特征同时变化；二是房屋的空间形态未变，但特征发生了变化；三是房屋的特征未变，但房屋空间形态发生了变化。一般引起房屋空间形态变化的主要原因有二：一是房屋所有权人变化引起的房屋的分割与合并；二是房屋的灭失。分割、合并、灭失是房屋空间形态变化的主要形式。

按照未登记房地产评估“一房一价”的要求，建立“房籍为中心”多维时空数据模型进行规范管理，在空间属性上，划分地籍层、楼栋层、房籍层、人口层、规划安全线层、配套设施点层等 6 个数据库，进行分级维护；在时间序列上，则以房屋为中心，为每套未登记房地产关联上每次买卖、租赁的价格数据和相关人口等属性变化数据。

按照时态数据库中有关时间模型的理论，房屋交易或特征的变化应属于步进模型（Stepwise Model）。在这种模型下，时间序列上任一点的数据值对应于上一次数据改变时保持的状态，如果要查询当前数据的取值，则需要回溯。譬如，房屋所有权人自 1998 年至今一共发生了 4 次变动，采用步进模型只要求记录 4 个时间点的信息。如果查询目前该人员的身份，虽然没有登记当前时间点，但并不是返回一个无效的空值，而是沿着时间轴回溯，找到最近发生的状态变化。而特征信息的变化大部分也都遵循步进模型。

通过构建时空数据模型，建立完备的未登记房地产历史变迁数据库，实现地 - 楼 - 房 - 人联动更新的目标，有利于直观地分析未登记房地产时空演变特征，满足统计监管的需求，也有利于发现价格的变化轨迹。

（五）数据库建设

数据的完整性、准确性和便于管理性是决定评估工作成效的前提条件之一。建立深圳市未登记房地产整体评估基础数据库（以下简称“评估数据库”），以支撑未登记房地产的评估工作。评估数据库的建立，将有利于对各种房地产数据（例如特征数据、价格数据和空间数据等）进行统一管理和组织，提高数据使用效率，减少数据维护和更新成本。

评估数据库构建是一项复杂的系统工程，在数据库设计阶段就需要确定建设原则和目标、明确建设思路及总体技术路线，并按照此技术路线按部就班地完成评估数据库的建设工作。

1. 设计思路

参照软件工程对系统生命周期的定义，数据库应用系统的生命周期分为数据库规划、需求收集与分析、数据库设计与应用程序设计、数据库系统实现、数据库测试以及数据库运行维护六个阶段。评估数据库建设思路如图 7.2.32 所示。

数据库规划是创建评估数据库的起点，主要是明确并制定建立数据库的任务与目标，估计工作量、使用的资源以及实施步骤、经费等。

需求分析是在项目确定之后，用户和设计人员对数据库所涉及的内容和功能的整理和描述。需求分析是后续设计及实现的基础，以后的数据库设计都会以此为基础。在建立评估基础数据库时，工作人员要尤为重视需求分析工作的重要性，如果这部分工作没有做好，会为以后的工作带来困难，甚至要再重新回过头来作需求分析，影响整个项目的工期，在人力、物力等方面造成浪费。因此，这一阶段的工作是整个数据库建设过程中比较困难和耗时的一步。需求分析主要是在用户调查的基础上，通过分析，逐步明确用户对数据库的需求，包括数据需求和围绕这些数据的业务处理需求，以及对数据安全性和完整性方面的要求。

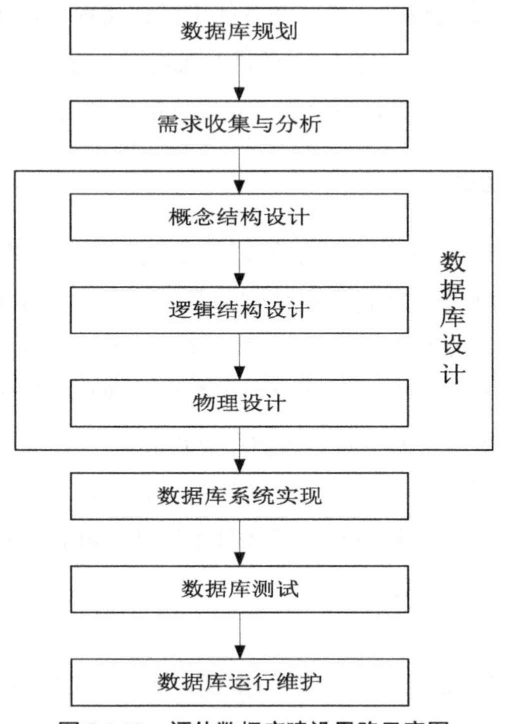

图 7.2.32　评估数据库建设思路示意图

数据库设计是指对于一个给定的应用环境，构造最优的数据库模式，建立数据库及其应用系统，使之能够有效地存储数据，满足各种用户的应用需求。数据库设计阶段又分为概念结构设计、逻辑结构设计和物理设计。数据库概念结构设计是在需求分析的基础上，依照需求分析中的信息要求，对用户信息加以分类、聚集和概括，建立信息模型，并依照选定的数据库管理系统软件，把它们转换为数据的逻辑结构，再依照软硬件环境，最终实现数据的合理存储。E-R 图方法是建立概念模型的主要方法。数据库逻辑结构设计是在概念结构设计的基础上进行的数据模型设计，可以是层次、网状和关系模型。当前绝大多数数据库管理系统都是基于关系模型的。数据库系统的实现离不开具体的计算机，在实现数据库逻辑结构设计之后，就要确定数据库在计算机中的具体存储。数据库在物理设备上的存储结构与存取方法称为数据库的物理结构，它依赖于给定的计算机系统。为一个给定的逻辑数据模型设计一个最合适应用要求的物理结构的过程就是数据库的物理设计。

数据库实现是根据设计，由开发人员编写代码程序来完成的，包括数据库的操作程序和应用程序。同时数据库人员还要组织数据入库，建立实际的数据库结构、装载测试数据试运行。

经过运行测试后，就可以加载真正的数据，使系统正式运行，进入数据库的运行维护阶段。

2. 技术路线

根据上一节所述的数据库设计思路，在以结合“地－楼－房”与特征状态的网状数据模型为核心的原则下，评估数据库总体技术路线可分为四个阶段，如图 7.2.33 所示。

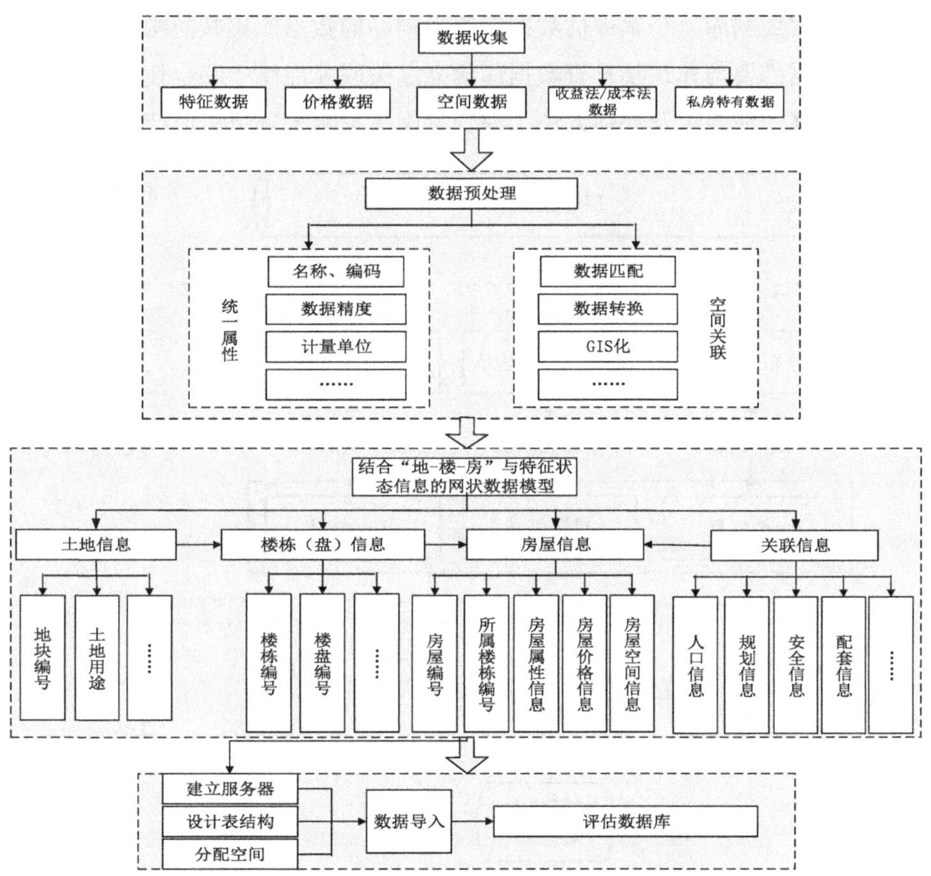

图 7.2.33　评估基础数据库设计总体技术路线

第一个阶段为数据收集阶段，主要目的是最大化地丰富房地产相关数据，以备评估使用。

第二个阶段为数据预处理阶段，主要为了解决不同来源数据之间的协同使用问题。

第三个阶段为数据模型设计阶段，主要是构建房地产数据逻辑模型。

最后一个阶段为数据物理存储阶段，实现数据在物理硬盘上的存在。

3. 总体架构

深圳市未登记房地产评估数据库是以建筑物普查数据库为基础、以网状数据模型为核心建立起来的，从逻辑上可分为三层架构，即基础层、逻辑层和物理层（见图 7.2.34）。评估数据库的基础层是以建筑物普查数据库为核心、以租赁备案数据库、个案评估数据库等为辅助的数据库集共同构成的，所有房地产数据都要与建筑物普查数据库建立起关联才能统一联合使用。在此基础上，根据评估要求及评估方法，综合考虑了影响未登记房地产评估的各项

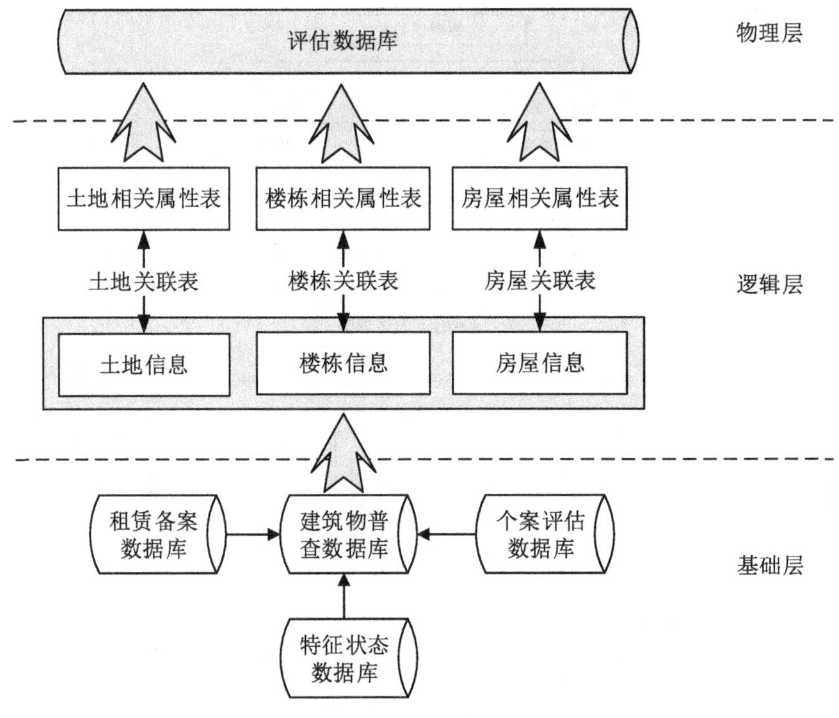

图 7.2.34　评估数据库总体架构图

重要因子，构建了结合“地－楼－房”与特征状态信息的网状数据模型。该模型以土地、楼栋（盘）和房屋信息为核心骨架，通过关联表逐级扩展到其他房地产特征表。这样一来，只要知道任何一个特征值及其所在数据表都可以直接或间接查询到其他特征表中的房地产信息。最后，在服务器物理硬盘上将评估数据库从逻辑设计变为物理实现。

4. 数据库的建设与管理

评估数据库是一个复杂的涉及多种数据类型、不同数据源的数据仓库，其设计过程是一个系统性工程。考虑到数据库能够与房地产价格整体评估、统计和分析有机结合，应遵循以下建设原则和管理策略构建数据库：

（1）以建筑物普查数据库为基础

建筑物普查数据库记录着最完备的房屋对象和部分基本特征信息，是未登记房地产评估工作的数据基础，也是将房地产特征信息与空间信息进行关联的核心。因此，评估基础数据库的设计必须要以此为基础，并进行进一步扩展和补充。

（2）设置主键与外键，适当建立索引

主键是实体的高度抽象，可以唯一标识一个表单，各个表单之间的联系，主要是通过主键与外键配对实现的。索引是对数据库中一列或多列的值进行排序的一种结构，但需要消耗一定量的存储空间，因此，适当建立索引是提高数据库搜索速度的关键技术之一。

（3）基本表满足表单基本性质

数据库中的表单分为基本表、关联表和衍生表等，其中基本表是基础，其他表都是基本表的直接或间接衍生品。因此，基本表单的设计尤为重要，且要满足四条基本原则：

原子性：表单中的字段是不可再分的；

原始性：基本表中记录的数据是未经处理的原始数据；

可扩展性：在基本表数据的基础上，可以衍生出其他数据表；

稳定性：基本表的结构是相对稳定的，一般不会发生大变化。

（4）适当降低范式标准

在设计过程中，尽量在第三范式的约束下进行设计。虽然没有冗余（即满足第三范式）的数据库可以实现，但是，这样的数据库往往运行效率不高，影响数据库的整体使用情况。因此，考虑到评估工作需要快速地、大量地访问数据，在数据库物理设计阶段，可适当降低范式标准，以空间换时间，从而减少系统访问数据库的等待时间，提高工作效率。

（5）建立数据字典

评估数据库是一个十分复杂和庞大的数据仓库，为了使评估数据库的设计、实现、运行、维护和扩充有一个共同的标准和依据，并且也为了保证数据库的共享性、安全性、完整性、一致性、可恢复性、有效性和可扩充性，有必要专门建立数据字典。数据字典是数据库的重要组成部分，是对数据库进行管理的有力工具。其作用体现在：管理数据库系统各种资源；实现数据标准化；文字化描述系统，方便理解；作为数据库设计的辅助工具；为数据库提供安全保障；方便数据库管理员进行各种查询，以便了解系统性能，如空间使用情况和各种统计信息。详见表 7.2.1。

表 7.2.1　部分数据字典表示例

序号	字段名	字段类型	备注说明
1	NIA_CODE	Text（50）	新查违编码
2	DIS_NAME	Text（50）	行政区名称
3	STR_NAME	Text（50）	街道名称
4	COM_NAME	Text（50）	社区名称
5	COM_CODE	Text（50）	社区代码
6	IA_CODE	Text（50）	查违编码
7	APPLY_NO	Text（50）	普查申报编号
8	DATE_END	Text（50）	竣工时间
9	DATE_BEGIN	Text（50）	开工时间
10	BD_ADD	Text（254）	建筑物地址
11	BD_LAYERS	Long Interger	建筑层数 单位：层
12	BD_AREA	Double	建筑面积 单位：平方米
13	LA_AREA	Double	用地面积 单位：平方米

（续表）

序号	字段名	字段类型	备注说明
14	BD_TYPE	Text（50）	建筑类型 / 用途 A：住宅类 B：工业类 C：多种用途类 D：公共配套类 E：商业类 F：办公类 G：其他类
15	BD_STATUS	Text（50）	工程现状 a：地基 b：未竣工 c：已竣工

（6）可动态更新和扩展

数据库建立完成以后，不是一成不变的，而是需要进行定期或不定期的数据更新和扩充，以保障各种数据，尤其是价格数据与重要状态数据的实时性。

（7）数据库安全管理

在数据库建设与日常管理中，另一项需要重点考虑的是要保障数据的安全性。因此，应该主要从网络安全、服务器操作系统安全、密码验证、授权管理、数据库审计以及备份与恢复等方面来进行数据库的安全管理，各种安全管理的具体内容包括：

网络安全。主要是确保网络的安全，重点是防火墙的设置。

服务器操作系统安全。数据库运行的服务器操作系统应该是安全的，主要是实现服务器登录用户的安全管理。

密码验证是指对数据库的访问要首先通过密码验证，用户需要设立强密码口令。

授权管理是指对于不同的用户要授予不同的数据库角色，用户能够访问哪些表，不能访问哪些表，能做哪些操作都要进行集合授权管理。

数据库审计是指通过 DBMS 工具监测和跟踪数据库的访问和操作信息，能够通过操作日志知道谁在什么时候执行了什么操作，它只能跟踪而不能防止对数据库的修改。但作为一个安全性手段，它能起到对非法入侵的威慑作用，可以据此追究非法入侵者的法律责任。

备份与恢复是指在数据库的运行过程中，难免会出现计算机系统的软、硬件故障，这些故障会影响数据库中数据的正确性甚至破坏数据库，使数据库中的全部或部分数据丢失。因此就需要定期对数据进行备份，或采取多虚拟机热备份的技术，在系统出现故障后能够及时使数据库恢复到故障前的正确状态。

（六）数据质量管理

1. 概述

房地产数据的质量对于开展监察统计、评估应用等工作至关重要。如果房地产的基本数据质量不可靠，将会影响着评估结果的估价水平、估价一致性和垂直公平性及可靠性，甚至还会对经济、产业运行情况产生误判，导致产生错误的结论、政策等严重后果。因此，如何控制数据质量是数据管理的一项重要课题，做好数据质量管理也是提高批量评估质量所必需的工作。数据质量管理工作将贯穿于数据收集、数据处理、数据汇总、数据入库等各个阶段，切实保障房地产数据的真实性、准确性、规范性和完整性。

数据质量管理主要包括数据质量控制、数据质量评价、数据质量改进、数据更新与维护等四部分。本节将从上述四个方面讨论数据质量管理的内容。

一般地，影响数据质量的因素主要来源于以下四个方面：

一是信息因素：指产生数据质量问题的原因主要包括元数据描述及理解错误、数据度量的各种性质（如：数据源规格不统一）得不到保证和变化频度不恰当等。

二是技术因素：指由于数据处理的各技术环节的异常造成的数据质量问题，主要包括数据创建、数据获取、数据传输、数据装载、数据使用、数据维护等技术环节。

三是流程因素：指由于系统作业流程和人工操作流程设置不当造成的数据质量问题，主要来源于系统数据的创建流程、传递流程、装载流程、使用流程、维护流程和稽核流程等。

四是管理因素：指由于人员素质及管理机制方面的原因造成的数据质量

问题，如因措施不当导致的管理缺失或者管理缺陷。

2. 数据质量控制

（1）质量控制方法

按检查主体的不同来分类，检查方式可以分为三类：软件全自动检查、计算机辅助检查、人工检查。以下将对它们一一展开分析。

①软件全自动检查。软件全自动检查是指可以按照预先设定的检查原则，通过编写程序化的软件来全自动化地执行数据质量检查，而完全不必经过人工干预。实现软件全自动检查除了可以排除检查过程中的人为干预与人为误差之外，还可大大提高工作效率，使数据质量的可靠性得到更高的保障。而对于批量评估工作，一般都会涉及海量的数据需要处理，如果只依靠人工检查，几乎是不可能完成的任务。因此对于能依靠软件全自动检查处理的那部分数据，应该优先考虑安排资源与时间来开发自动检查软件，即使这些工作将需要一定的资源成本与时间成本，但从长期的角度来看仍然是非常值得的。

当然，鉴于数据的多样性与现实情况的复杂性，软件全自动检查并不能解决所有问题，这时就要考虑其他方式解决。同时，为了评估自动检查结果的质量，软件检查的处理日志应该做好自动记录，以备质量复查。

②计算机辅助检查。计算机辅助检查是数据质量检查的重要手段之一，也是提高检查精度和工作效率的一项重要方法。计算机辅助检查是在数据质量检查的过程中以计算机为辅助手段，通过人工干预进行的半自动化检查方式。这种方式主要适用于不能完全依赖全自动检查的时候，譬如数据格式不太标准或部分缺失的情况。特点是检查过程是可控的，能根据检查员的经验、检查的目的和方法随时调整检查过程，发现问题能够及时处理。当然，这种方法仍要开发相应的计算机软件来协助检查，此方法最后出来的整体成效好坏，仍将相当依赖于软件开发团队的技术能力是否优秀与对业务的理解是否深入。

③人工检查。当数据不满足软件全自动检查和计算机辅助检查的要求时，只能通过人工检查的方式完成数据质量控制工作。批量评估所用到的数据包括房地产属性数据、空间数据、价格数据和其他相关数据，这些数据来源不同、性质不同、格式不同。在这种现实情况下，人工检查方法能有效避免计算机自动处理的困难，弥补上述两种方法的不足。

人工检查的缺点是效率较差，需要较多的人工参与。然而，当遇到必须通过人工检查的海量数据时，可以借助基于互联网平台的众包这一组织形式，将数据脱密、分片，再通过平台派发给互联网工作参与者（他们可能是接受少量酬劳的参与者，或者是利益攸关方，或者是通过某种方式吸引过来的），以蚂蚁搬家的方式来完成这样的一个大任务。

按检查范围来分类，检查方式可以分两类：全样本检查与抽样检查。

①全样本检查。全样本检查是指对所有样本数据进行全面检查，把不合格的数据挑选出来。全样本检查是检查规模最大的一种检查方式，同时也是成本最高的一种检查方式。在批量评估过程中，一般在以下两种情况时进行全样本检查：一是数据量不多，在现有人力、物力资源条件下能够承受全样本检查的工作量；二是通过预判，数据质量问题严重，必须要通过全样本检查的方式才能达到批量评估方法所要求达到的数据质量。不过，随着近年来计算机能力的大幅进步，对海量数据进行全样本检查的客观条件也逐渐具备。

②抽样检查。数据抽样检查是指从一批数据中抽取一定比例的样本进行检查，并以此抽检结果作为评判整体数据质量的标准。样本的抽样率视具体情况而定，如整体数据量的多少或数据质量预判情况。抽样方式主要分为三种：一是随机简单抽样，即不带偏向性的任意选取 N 个样本；二是系统抽样，即每隔一定时间或者一定编号对数据进行一次随机抽样，这种方法主要适用于事先无法知道确切数量的情况；三是分层抽样，即针对不同数据源、不同格式的数据、不同的数据操作者等多种情况而进行的分类抽样方法。根据批量评估过程中所用的数据的特点，在数据质量检查时主要采取随机抽样和分层抽样相结合的检验方法，进行数据管理和质量控制。

（2）检查内容

房地产数据质量检查的内容主要包括数据完整性、真实性、一致性和准确性四个部分。

①数据完整性检查。数据完整性检查主要是检查数据中是否有多余的信息以及是否有缺失的信息。如检查房地产属性信息的内容是否有缺失，关于楼盘的信息是否完整，有没有空值，以及检查数据表有没有多余的数据项造成数据冗余等。

②数据真实性检查。数据真实性检查是指检查数据的取值是否真实可靠。如检查房地产成交案例的价格是否符合市场价格，是否存在录入错误等原因造成价格偏离实际，关于房地产的描述信息是否准确，是否与实际情况一致等。譬如，如果一套房子的真实楼层是17层却被误记为7层，则会对楼房的评估工作产生影响，导致评估价格不准确。

③数据一致性检查。数据一致性检查是指检查数据的格式是否一致、概念是否一致以及取值、取值范围是否一致。例如按规范房屋用途将分为住宅、商业、工业、综合以及其他等五类，如果某一套房子的用途取值为“办公”，那么它的取值不在集合内，取值范围就不符合一致性原则，需要对其进行统一。又譬如楼栋的总层数按规范是以阿拉伯数字表达，那么使用汉字表达的就需要进行一致性修正以满足需要。

④数据准确性检查。数据准确性检查主要是指检查数据的准确度是否在规定的范围内。如检查建筑物的坐标值与真实值的偏离程度是否在可以接受的范围内，检查房屋的建筑面积误差是否在规定的范围内等。

对于房地产属性数据而言，主要检查数据完整性、真实性、准确性以及一致性；对于房地产价格数据而言，主要检查价格数据的真实性和准确性。

（3）检查过程

数据质量检查的过程主要包括制订方案、人员培训、数据准备、工具准备、质量检查、结果汇总、结果统计以及结果报告等阶段。为了保障检查工作的有序开展，首先需要制订质量检查的工作方案，包括检查目标、内容、分工、计划等。不同的检查目的有不同的工作要求，在开始质量检查前应该做好前期准备工作，如人员培训、数据准备和工作准备。其中，工作准备是指准备好质量检查所需要的工具，通常质量检查都是为特定目的服务的，一般没有泛用的质量检查工具，需要专门开发特定质量检查工具，从而提高质量检查工作的效率。而数据准备则是按照质量检查的要求做好被检查数据以及数据检查结果存储表格的准备工作。质量检查人员按照分工与计划开始进行质量检查，质量检查的结果要进行汇总和统计，并编写质量检查结果报告。

在数据质量检查的过程中，对于小样本的数据，可以进行全面检查，但是对于大样本数据，一般则进行抽样检查。数据抽检可以采用规范化的抽检方式，如参照中华人民共和国国家标准（GB/T 2828.1—2003 / ISO 2859.1—1999）。抽样前首先要熟悉数据基本情况、数据标准和质量检查标准，抽样量根据总量大小、检测难度、适用判断等情况决定，保证抽样结果能覆盖各类数据，具体技术路线如图 7.2.35 所示。

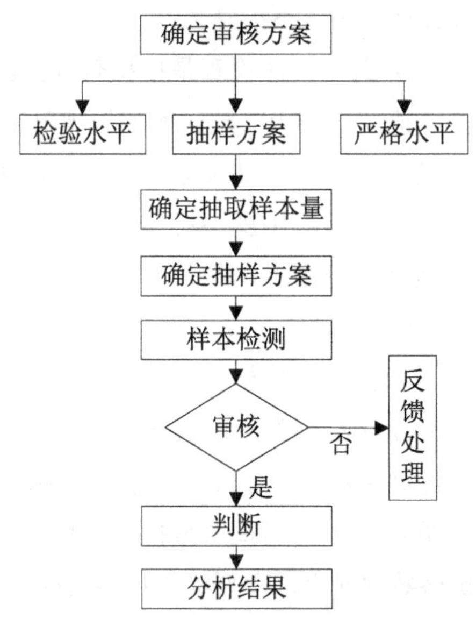

图 7.2.35　抽样检查技术路线图

统计抽检的流程如图 7.2.36 所示，其中，*N*、*Ac*、*Re* 用数理统计的方法来确定。

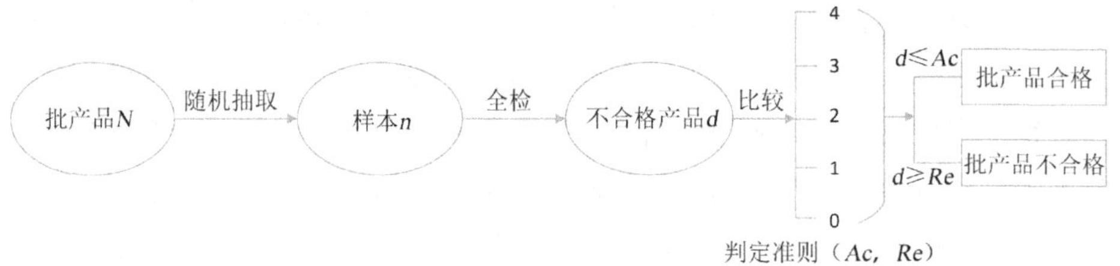

图 7.2.36　统计抽检流程图

（4）数据质量控制实践

评估工作主要采用的数据涵盖房地产的特征数据、空间数据以及评估类数据。其中特征数据包括房地产的物理特征和市场特征，物理特征内容主要表现为房地产的物业名称、所处位置、建筑面积、楼层数、建筑年代、户型、朝向等，市场特征主要表现为房地产价格、价格类型、时间、数据来源等。空间数据包括建筑物和宗地的空间信息。评估类数据为在城市批量评估体系中的房地产比价系数、评估分区的时间修正系数和批量评估价格等。质量控制体系涉及的数据众多，在此选择直接与评估相关的市场交易数据进行阐述。

市场交易案例是批量评估工作所需要的最重要的基础数据，其价格信息的可靠性直接影响到最终评估结果的质量。因此需要在进行批量评估过程前对市场交易案例做重点控制。

从检查方式的选择上来看，交叉采用了软件自动检查和人工检查两种方式，软件自动检查是对全样本的市场交易案例通过正态离群筛选出同一楼盘内市场成交价格比较异常或离群的案例，通过中位数偏离筛选法筛选出相似楼盘市场成交价格比较异常或离群的案例；人工检查是通过人工电话询价、实际调研等方法来核实此部分案例的价格是否真实可靠。从检查样本方面来看，采用了全样本检查。检查内容主要是价格数据的真实性、一致性和准确性。从具体实现方法上看，对数据的判断结果如可靠，标记说明价格离群的原因，如不可靠，标记获取此部分案例可靠的价格信息，如果无法获取，则标记应剔除该部分案例。最后将检查结果及相关报告反馈给专业技术小组，由专业技术小组对这部分案例分析并吸收采纳。

3. 数据质量评价

数据质量评价是指对数据质量进行评价和评估的过程。质量评价一方面可以对数据有一个客观公正的评价，让数据使用者了解数据的质量和可用性，为其提供参考价值，另一方面也对数据质量检查的结果进行评价，对于不符合要求的数据进行重新核查修改。

数据质量评价方法可以分为定性评价和定量评价，还可以分为直接评价和间接评价。一般在数据质量评价中大多采用定量评价和直接评价的方法组合，选取若干指标来评价数据的质量。根据数据检查的内容，主要有以下四类评价指标：

数据完整性指标，如数据的完整率、缺失率等。

数据真实性指标，如数据的真实率、失真率等。

数据一致性指标，如数据的一致率等。

数据准确性指标，如数据的正确率、错误率等。

当然，对于数据的评价指标没有固定的要求，评价指标以及指标的合格范围在借鉴相关标准和规范的前提下，主要是根据实际情况和需要来确定。

4. 数据质量改进

数据质量改进的目标是在建立数据标准化体系基础上，通过整合、清理和挖掘等数据处理方法，形成一套完整的、标准化的数据管理、更新、改进体系，从而提高和完善现有数据质量，实现基础数据对房地产批量评估工作的有力支撑。

数据质量改进是一项系统性的工作，在实际操作中，对数据的改进主要从以下四个方面考虑：

从技术层面上，对数据生产过程中存在的噪声数据、遗漏数据、失真数据、缺乏完整性或一致性的数据，需要进行数据清洗，并对清洗后的数据进行整理和重新入库。在对数据进行清洗之前，要做好数据的备份工作。

从流程层面上，对源数据的清洗和整理要遵循一定的步骤，需要对其开展流程化、标准化的工作。

从管理层面上，建立数据管理小组专门负责数据的管理、改进工作，完善数据管理标准规范，保证房地产批量评估工作顺利进行。严格管理数据提供者的数据采集规范，要求按照“谁提供，谁负责”的原则从数据采集环节就尽可能地保证源数据的完整性、准确性、一致性和时效性。

从具体实现方法上，做到“一改、一审、一归档”。

“一改”是指在发现问题后，及时对数据作出修改。若遇到模糊不定、无法修改的情况时，则及时上报、协商解决。

“一审”是指在对数据进行修改后，要安排专员对数据进行审查，实行修改者与审查者共同责任制，保证数据质量。

“一归档”是指从源数据到改进后重新入库的数据，对关键步骤建立跟踪档案，为将来发现新的问题时提供可查的依据，实现数据质量管理的可追溯性。

数据质量改进是一个持续的过程，是一个不断完善和发展的过程，这主要体现在以下两个方面：

在现有需求和状态下，继续改进数据质量。在这个过程中，一是要不断提高数据管理人员对数据的熟悉程度，二是要强化数据管理人员对数据质量重要性的认识程度，三是要加强数据管理人员相关专业知识的学习和储备，四是要继续完善数据质量标准和管理标准等相关规章制度。

新的应用对数据的要求是不一样的。当有新的应用时，也可能对相关数据质量与时俱进地提出新的要求。因此要遵循“因地制宜，分步实施，不断完善”的原则来进行有针对性的数据质量改进工作。通过应用发现数据中存在的问题，将问题逐步解决后再应用到实际中去。这样，在实际应用的驱动下，不断循环往复地改进和完善数据。

5. 数据更新与维护

房地产评估是一项持续的工作，整体测算所需的数据管理工作也要实现动态更新维护。更新维护的对象主要是房地产价格数据和基础属性数据，由于数据量较多，并且对评估结果影响较大，因此建议建立适当的动态更新维护机制和规范性的操作流程，以保障输入数据质量。主要包括：

一是梳理数据收集工作，制定数据的定期采集机制。

二是规范数据处理过程，制定数据处理规范与标准。

三是建立数据入库标准化流程，形成定期的数据入库规则。

四是做好数据库的运行监控和管理，对数据库进行定期的调整和优化。

五是建立数据质量检查机制，最大限度地确保数据工作每个环节的数据质量。

六是做好新数据与产权数据的匹配关联，使其能够为基准房价测算工作服务。

七是建立固定的数据管理体制，制定各数据工作岗位的职责，提高数据管理的工作力度。

三、住宅类未登记房屋价格评估

深圳市住宅类未登记房屋栋数为 30 万栋，建筑面积 30116 万平方米，分别占全市未登记房屋总量的 62.4%、44.0%。其中，在原集体土地上的住宅栋数为 27.80 万栋，总建筑面积为 18438 万平方米；在国有土地上住宅栋数为

2.20 万栋，建筑面积为 11678 万平方米。

在原集体土地上的住宅，建筑形态以多层及小高层为主，楼层 80% 低于 6 层，一般是占用政府划定的原农村宅基地建设的单栋住宅楼、花园小区式住宅楼。此类房屋采用基于市场法的批量评估方法进行整体评估。在国有土地上的住宅，按照房地分估的模式进行评估，即“房地产价格 = 房价 + 地价”。下面将按照土地性质的不同分为两类分别进行详述。

（一）在原集体土地上的住宅类房屋价格评估

1. 评估集合划分

原集体土地上的住宅栋数为 27.80 万栋，总建筑面积为 18438 万平方米。这部分房屋大部分是以楼栋为单位进行开发建设，另有一小部分是以小区为单位进行开发。

评估集合是比价关系生效的最大范围，建筑集合划分参考区域和房地产类别两方面指标。进行评估同质区域划分，即通常所说的评估分区，主要考虑区域因素对于房地产价值的影响。位置因素是影响房地产价值的最大因素，通过评估集合的划分，确定可比房地产的边界，符合市场比较法中可比案例选择的基本要求。

（1）划分原则

评估集合划分标准依据其分类特征、基本属性和空间分布情况，以现有数据为基础，参照深圳市空间信息统一基础网格划分标准，建立多粒度、跨尺度、可调节的分区集合。

基础网格单元是一种特殊的网格单元，其空间能够无缝地聚合为不同职能部门专业的网格单元。每个基础网格单元被赋予唯一的标识符。规划标准分区主要以城市规划的功能布局为依据，结合现有行政辖区，以主干路网为边界进行划分。

鉴于此类房屋大多为原村民自建的统建楼，依附于村集体的原集体土地，参照基础网格划分标准可顾及现实的法定原则、现状管理以及人类活动的聚集群落效应。

评估集合划分从区位角度出发，依托街道办、标准分区、基础网格的划分标准，兼顾地域要素、经济要素、社会要素以及社会心理要素，遵循区域相连、供求相似、数量适当、布局合理的原则。

集合划分遵循的原则：

①区域相连的原则

相连区域决定了房地产其他特征的相似，比如位置、交通、配套、景观、商业繁华程度等，区域还造就了相邻小区可能处在相同的供求关系之中，从而形成区域相近的住宅价格也相近，具有可比性。

②供求相似的原则

相连区域的住宅不一定在同一供求关系中，还受政策、住宅本身的品质等因素的影响，因此还需考虑住宅本身的特质。

③数量适当的原则

数量适当是指评估集合内住宅的数量应当合理，不能太少或太多。太少可能造成区域内部各个时段的交易数据过少，难以找到可比案例，若数量不足，可以适当合并扩大区域。太多会使分区失效，降低评估精度，可在实际操作过程中作进一步拆分。

④布局合理的原则

布局合理是指同评估集合内住宅的空间分布应当合理，应依据住宅群的分布形态、分布密度等特征合理划分。

（2）划分方法

集合划分采用“逐层叠加、迭代细分”的方法进行，如图 7.3.1 所示。

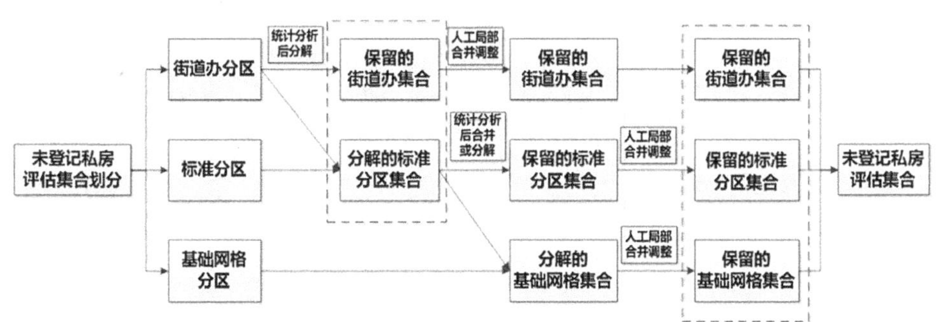

图 7.3.1　评估集合划分流程图

相关步骤说明如下：

一是以街道办、标准分区、基础网格三层分区为基础，统计每种分区各网格内房屋楼栋数量的均值、众数和标准差，以此确定评估集合每个分区内楼栋数量的合适阈值。

二是从最粗粒度的街道办分区开始，到最细粒度的基础网格分区结束，每层根据楼栋数量的密度进行拆分与合并。其中，基础网格分区为集合的最小划分单元，只有合并操作。

三是三层分区的网格合并应遵循前文叙述的原则，不应出现跨界的现象。网格分解的条件基于步骤（1）中设定的阈值。

四是对三层分区进行迭代细分，合并每层保留的网格集合，最终得到未登记房地产的评估集合。

评估集合划分充分考虑空间数据的完整性和网格的离散性之间的关系，确定以“街道级—标准分区级—基础网格”逐步细化的划分方法，对每个标准分区进行精细网格划分，合并后形成的评估集合，类似于网格金字塔，能承载不同层次信息，如图 7.3.2 所示。

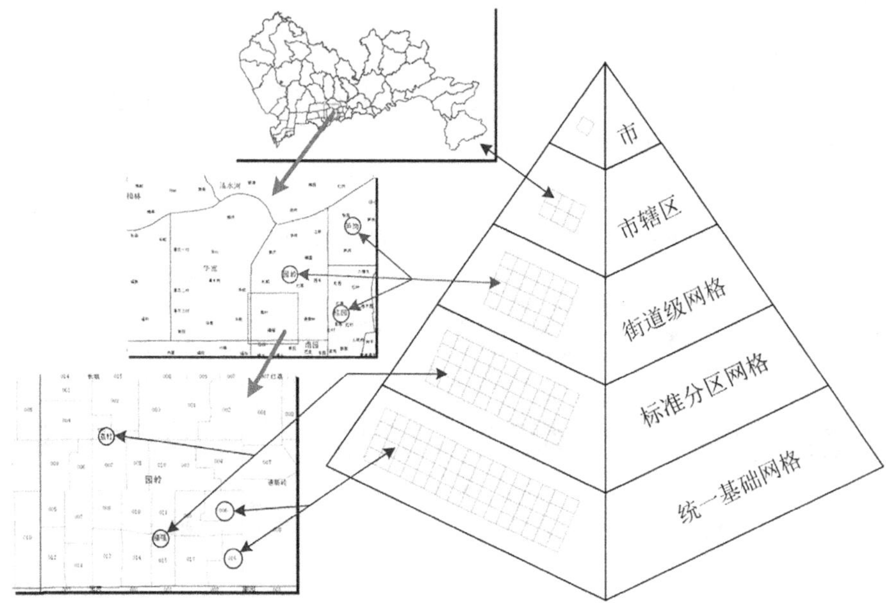

图 7.3.2　评估集合划分金字塔模型

（3）划分结果

集合划分操作遵循的策略有：临近优先、区位分离、零散归置。

临近优先遵循区位相近原则，考虑房屋的类别与品质，优先将分布密度大的房屋划分在同一集合中，如图 7.3.3 所示。图中房屋呈纵向紧密分布，根据实地调查可知，该区域房屋沿主干道两边均匀分布，房屋品质较差。在划分过程中，将其整个划为一个集合，如图 7.3.4 所示。

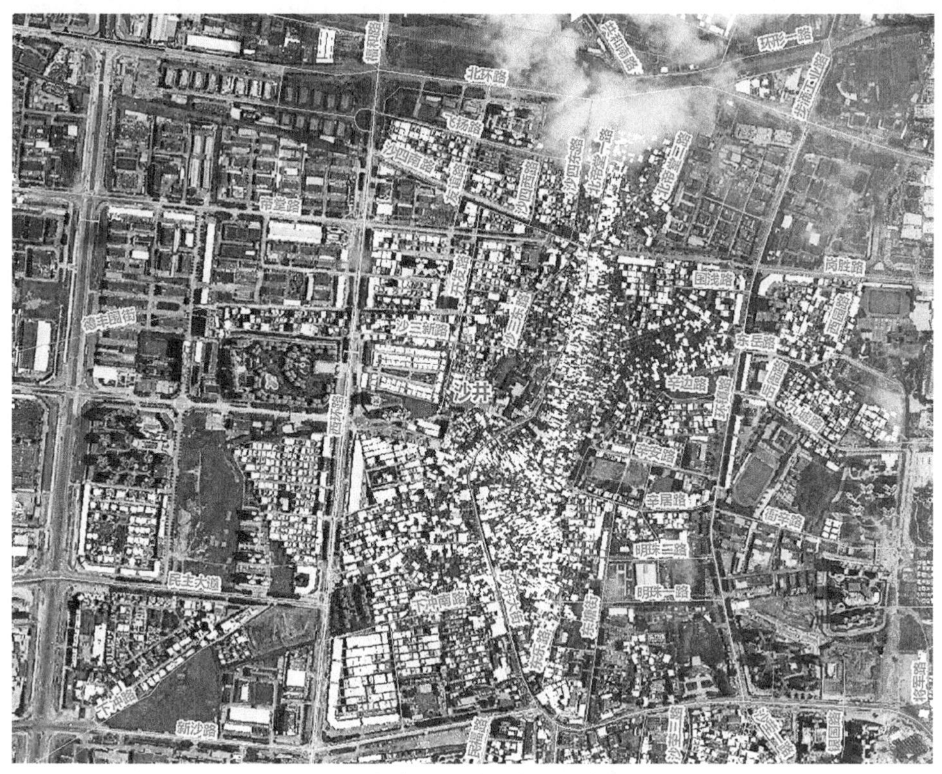

图 7.3.3 住宅类未登记房屋分布示例图

图 7.3.4　住宅类房屋集合划分示例图

区位分离是指空间上分布不相邻的房屋不应划在同一集合内，在街道办、网格的交界处、高等级道路（如高速公路）分隔处等，均需进行集合划分的分离操作。如图7.3.5所示，广深高速纵向分布，将左右两边的房屋分隔开来，即使有距离相近的房屋，也需将它们划分在不同集合中，如图 7.3.6 所示。

图 7.3.5　住宅类房屋划分示例图

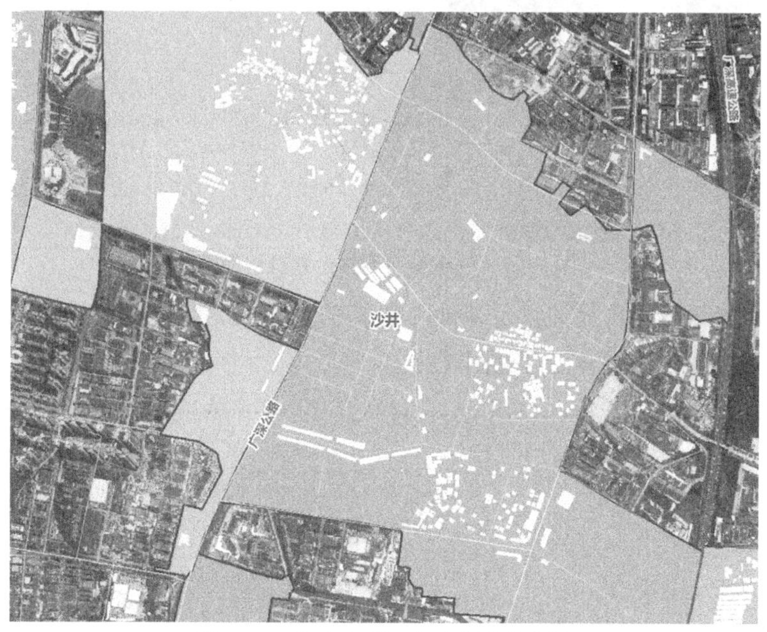

图 7.3.6　私人自建房集合划分示例图

当空间中有房屋处于孤立分布且数量很少时，可考虑适当放宽集合合并的阈值，通过人工判断这些房屋归并到附近的哪一集合中，应尽量归并到品质相似、数量较多的集合中。如图 7.3.7 所示，方框内有三栋独立分布的私房，数量上不足以构成一个集合，通过距离与房屋品质判断，将其归于下方集合中。

图 7.3.7 住宅类房屋集合划分示例图

住宅类未登记房屋共涉及基础网格 5704 个，经过集合划分，住宅类房屋共计划分为 315 个集合，详见图 7.3.8。

图 7.3.8　未登记住宅类房屋集合划分

2. 比价关系构建

同一评估分区内房地产宏观相似度较高，但是微观上依旧存在较大差异，需要进一步划分区内房地产品质，构建评估集合。比价关系是指在评估集合内，将每一套房地产通过一定的数量关系联系起来。比价关系适用的最大范围为评估集合，集合间的房地产不能建立比价关系。一般理论认为，在无特殊隐私修正的情况下，集合内价格相差不能超过 20%。

在原集体土地上的住宅类未登记房屋总量约 27.80 万栋，体量庞大，绝大部分是占用原农村宅基地建设的单栋住宅楼，这种自建房一般占地 100 ～ 150 平方米，以小高层为主，用于出租或部分出售，单元间户型和面积差异较小。由于此类房屋均以楼栋为基本单元，且栋内分户情况资料难以调查获取，适合以“栋”为单元进行评估。还有一小部分是以小区为单位进行开发，此类住宅暂时无法获取分户资料，因此本轮按照“栋”进行评估。

（1）特征因素选取

在比价关系构建中，仅需考虑影响楼栋价格的特征因素，并综合选取区域因素、个别因素两类特征因素，然后在此基础上确定具体的量化指标。其中，区域因素从交通条件、景观环境、配套设施、地质条件等方面进行判定量化，个别因素从新旧程度、电梯配备、物业管理情况等方面进行考量。具体量化指标详见表 7.3.1。

表 7.3.1　住宅类未登记房屋比价影响因素表

	特征因素	指标	量化数据
区域因素	交通便捷度	公交便捷度	公交站点分布
		地铁便捷度	地铁站点分布
	环境景观	环境质量优劣度	噪音、污水、污染源分布
	生活配套设施	生活设施完善度	餐饮购物、买菜、金融、医疗、文娱设施分布
	教育配套设施	教育设施完备度	小学、中学分布
	熔岩塌陷	压占地质灾害高发区	无压占地质灾害高发区
	崩塌滑坡	临近地质灾害边坡点	有无临近地质灾害边坡点
个别因素	建成年代	建成时间	建成年代
	配套服务设施完备度	物业管理	是否具有物业管理
		有无电梯	是否配备电梯

（2）因素量化标准

①区域因素

A. 交通条件

交通条件反映了该片区的公共交通完善程度，表现为出行时间的长短，出行成本的高低，出行方便程度，可采用的不同交通方式等，目前，深圳市内居民常用的出行方式有公共汽车、自驾车、地铁等。因此，通过考虑地铁有无、公交线路多少来考量交通条件。

a. 公交

根据估价对象区域内拥有公交线路的数量情况划分为五个等级，每上升或下降一个等级，分数向上或向下修正 1（见表 7.3.2）。

表 7.3.2　公交情况量化标准表

判定条件	等级	分值
距离≤ 300 米，公交线路≥ 10	好	+2
距离≤ 300 米，6 ≤公交线路 <10	较好	+1
距离≤ 300 米，3 ≤公交线路 <6	一般	0
距离≤ 300 米，1 ≤公交线路 <3	较差	−1
不符合上述情况	差	−2

b. 地铁

根据估价对象距离地铁站点的情况以及出入口数量情况分为四个等级，每上升或下降一个等级，分数向上或向下修正 2（见表 7.3.3）。

表 7.3.3　地铁情况量化标准表

判定条件	等级	分值
距离≤ 300 米，地铁出入口≥ 1	好	+4
300 米 < 距离≤ 500 米，地铁出入口≥ 1	较好	+2
500 米 < 距离≤ 800 米，地铁出入口≥ 1	一般	0
不符合上述情况	差	−2

B. 环境景观

靠山面海一直是中国居民理想的生活方式。居民更喜欢具有良好景观效果的住宅，如建造地点是在湖边、高尔夫球场附近等，愿意为这样的住房支付更高的价格。根据估价对象所在的位置的景观分为好、较好、一般和差四个等级，以一般情况修正值为 0，向上或向下一个等级，分数向上或向下修正 1（见表 7.3.4）。

表 7.3.4　环境景观量化标准表

判定条件	等级	分值
距离≤ 300 米，有海、湖、公园、高尔夫球场、水库、山之一	好	2
300 米 < 距离≤ 500 米，有海、湖、公园、高尔夫球场、水库、山之一	较好	1
500 米 < 距离≤ 800 米，有海、湖、公园、高尔夫球场、水库、山之一	一般	0
不符合上述情况	差	−1

C. 生活配套设施

生活配套设施反映了居民的生活方便程度，其主要包括菜场、农贸市场、大型超市、商场、医院、社康中心、银行、体育健身设施、休闲娱乐场所、文化活动场馆等。一般来说，房屋周边所包含的配套设施越多，其完备程度就越高，而房屋价值相应也会越高。

a. 设施种类（见表 7.3.5）

表 7.3.5　生活设施种类表

大类	子类
买菜	农贸市场（菜场）、生活超市
购物	大型超市、百货商场
医疗	综合医院、专科医院、社康中心
金融	银行
文化体育	体育场馆、博物馆、图书馆、影剧院、音乐馆、文化活动中心

b. 评分标准（见表 7.3.6）

表 7.3.6　生活设施量化标准表

判定条件	等级	分值
距离≤ 300 米，上述配套设施≥ 6	好	2
距离≤ 300 米，上述配套设施≥ 4	较好	1
距离≤ 500 米，上述配套设施≥ 4	一般	0
距离≤ 500 米，上述配套设施≥ 2	较差	-1
不符合上述情况	差	-2

D. 教育配套

教育配套主要有中小学、幼儿园等。教育配套设施对周边住房的价格具有重要的影响，特别是有子女的家庭，父母为了让子女拥有更好的教育资源，愿意付高额的价格去购买著名学府的学位房。深圳市实行义务教育免试就近入学，因此，根据估价对象周边的教育配套的完备度以及距离的远近进行量化。教育配套设施量化标准表如表 7.3.7 所示。

表 7.3.7　教育配套设施量化标准表

判定条件	等级	分值
距离≤ 500 米，有小学及中学	好	2
距离≤ 500 米，有小学或中学； 500 米 < 距离≤ 1000 米，有小学及中学	较好	1
500 米 < 距离≤ 1000 米，有小学或中学	一般	0
不符合上述情况	差	-2

E. 地质条件

地质条件因素主要从地质条件方面进行考虑，具体包括熔岩坍塌及崩塌滑坡情况的量化打分。

a. 熔岩塌陷（见表 7.3.8）

表 7.3.8　熔岩塌陷量化标准表

是否处于塌陷范围	等级	分值
是	/	−1
否	/	0

b. 崩塌滑坡（见表 7.3.9）

表 7.3.9　崩塌滑坡量化标准表

是否处于滑坡范围	等级	分值
是	/	−1
否	/	0

②个别因素

A. 建成年代

建成年代是影响房地产价值的重要指标之一。建成年代直接反映出建筑物的新旧程度。根据深圳市未登记房地产的建成时间，将其划分为了五个等级，距今 10 ～ 15 年的不作修正。建成时间每增加或减少 5 年，分数向上或向下修正 1（见表 7.3.10）。

表 7.3.10　建成年代量化标准表

判定条件	等级	分值
距今建成时间≤ 5 年	新	+2
5 年 < 距今建成时间≤ 10 年	较新	+1
10 年 < 距今建成时间≤ 15 年	一般	0
15 年 < 距今建成时间≤ 20 年	较旧	−1
距今建成时间 >20 年	旧	−2

B. 配套服务设施完备度

根据房屋配备的服务设施情况，配套服务设施完备度从物业管理情况和电梯配备进行具体量化。

a. 物业管理（见表 7.3.11）

表 7.3.11 物业管理量化标准表

判定条件	等级	分值
有物业管理公司进行管理、保洁、维护	有	+1
没有物业管理公司进行管理、保洁、维护	无	0

b. 电梯配备（见表 7.3.12）

表 7.3.12 电梯配备量化标准表

判定条件	等级	分值
配备电梯	有	+2
不配备电梯	无	0

3. 标准楼栋价格评估

标准楼栋是指在一个集合内拥有最多共通属性或最多数目单元的典型楼栋，其价格一般可以代表本集合的平均水平。对于按栋评估的房屋类型，由于在集合内建立了楼栋之间的比价关系网络，因此，通过评估标准楼栋的价格，就可以实现该集合内所有同类型楼栋的价格评估。可见，采用标准楼栋能够大幅减少评估对象数量，进而在保证评估质量的前提下极大地简化评估流程。标准楼栋价格可通过市场比较法评估得到，即在评估案例库中，按照用途相同、结构相似、地段相连、价值相近的原则动态搜索标准房地产的可比实例，对可比实例进行因素修正，进而求取标准楼栋价格。

因此，标准楼栋评估具体步骤包括交易案例收集筛选、可比案例的选取、可比案例因素修正以及比准价格求取。下面分别予以详细说明。

（1）交易案例收集筛选

未登记房屋价值评估离不开大量的交易案例作为支撑，案例的真实性、可靠性直接影响估价结果的准确性。因此，需要收集大量的真实、可靠、有效的市场交易案例。但是，由于未登记房屋交易市场受法律约束，处于半公开、隐蔽、不规范的灰色状态，而公开调查也难以开展，因此与商品房销售市场相比，未登记房屋市场的公开、权威、全面的数据较难获得。案例的获取仅能通过向政府部门收集、委托中介机构调查、查阅相关网站、收集传单、个案实地调查等途径进行。每年收集到的存量住宅类未登记房屋交易案例不到 400 条。另外，在新建楼盘方面，开展对在售楼盘进行全面跟踪监测，这部分数据可作为住宅类未登记房屋价值评估案例选取的有力补充。

根据中华人民共和国国标《房地产估价规范》(GB/T 50291—1999)，市场比较法中可比案例的选取原则上不超过 1 年。因此，本次评估原则上需收集估价时点 1 年内的未登记房屋交易数据，如果未登记房屋交易案例数量少，可将案例收集的时间稍稍扩大，这也是未登记房地产评估中不得不经常面临的问题。

由于这些交易案例来源于多种途径，很难保证绝对真实，同时部分案例包含的相关信息也并不完备。因此，需要对收集的案例进行属性整合和标准化处理。具体包括实时补充缺失信息、核实不相符合的面积用途等。同时，估价师依据自身经验，并结合个案评估数据与挂牌数据，在地理信息平台上进行作业，对被筛选出的每条交易案例进行判定，确定其是否为真实可靠的交易案例，经过筛选后合格的案例数据纳入未登记房地产评估数据库用于后续评估，不合格案例则直接剔除。

通过筛选剔除后住宅类的交易案例分布如图 7.3.9 所示，主要集中在原特区外，尤其在宝安区、光明新区、龙华区等较为集中。

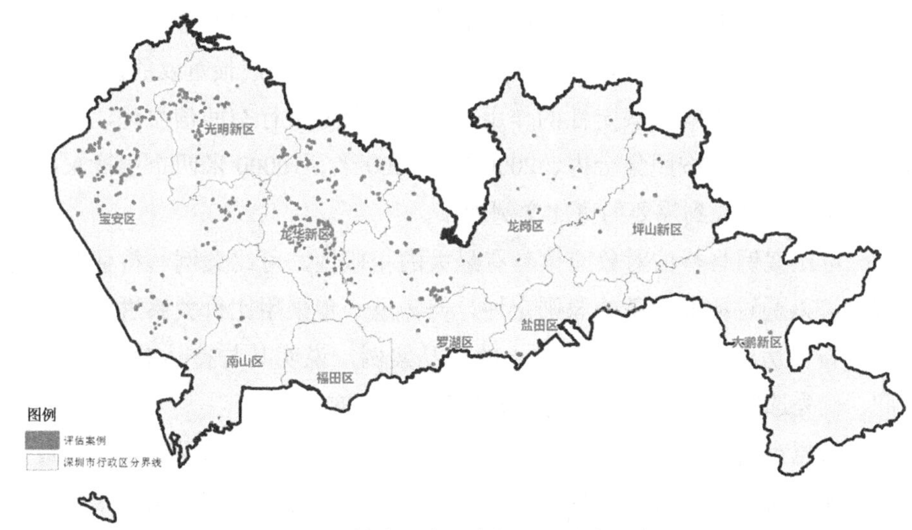

图 7.3.9　住宅类交易案例数据分布示意图

（2）可比案例选取

在经过前述交易案例数据收集、筛选及入库工作完成之后，在标准楼栋（房）评估中，可根据实际需求，并遵循市场比较法关于可比案例选择的原则，在上述交易案例数据库中选择可比案例。

①可比案例选取的原则

可比案例选取是市场比较法的难点与关键，通常来说，应选择与待估房地产最为相近的实际交易案例作为可比案例。但该如何判断待估房地产与交易案例的相似程度，应该如何选取最为相似的交易案例作为待估房地产的可比实例，这是每个评估师需要解决的问题。房地产价格受众多特征属性影响，这就需要对相似度进行合理的定义，并确定一定的可比案例筛选标准。可比案例筛选的原则如下：

a. 可比案例的选取要遵循市场比较法关于案例选取的相关原则，即可比案例与待估对象在同一供求圈（同一级别商圈）内，用途、规模、建筑结构、新旧程度、档次、权利性质等方面相同或者相似。如：待估对象为高层私人自建房，选择的可比案例同样应为高层私人自建房类；在考量新旧程度时，应优先选取与待估对象竣工日期相近的交易案例等。

b. 当集合内的案例无法满足评估需求时，可比案例的搜索将采用地理信息的空间搜索技术跨集合甚至跨街道进行。区位是房地产最重要的影响因素，对房地产价格的影响有决定性的作用。通过对楼栋进行空间信息化，建立四级搜索机制，依次按照集合内、2000 米、5000 米、10000 米四个层次来搜索可比实例，直到找到需要的可比实例为止。

c. 可比案例与待估对象应该具有最大的相似性，可比案例与待估对象的相似度可以通过前面 3 条的原则定性，但需进一步采用比价关系进行定量比较。与待估房地产之间修正量越小的交易案例，说明其与待估对象越相似，因此，优先选取修正量最小的交易案例作为可比实例。

d. 根据市场比较法案例选取的原则，以及结合未登记房屋交易案例数据采集情况，每个待估标准楼栋一般选择不少于 3 个可比实例。由于未登记房屋交易案例数据极为有限，部分待估标准楼栋所在集合交易不活跃，难以找到可比实例，进而使得实际找到的可比实例数可能会小于指定数量，这是允许的。

②可比案例选取步骤

在预选的交易实例中，采用建立特征变量矩阵的方法来选取与估价对象最类似的交易案例作为可比案例，主要步骤如下：

a. 将估价对象和预选交易实例形成特征变量矩阵，每一列代表一个案例，A_0 为估价对象，A_n 为预选交易实例；每一行代表各种变量因素，如交易情况、交易日期、区域因素、个别因素，q 为其取值。将估价对象作为参考序列，如下所示：

$$\begin{array}{c} \\ B_1 \\ B_2 \\ \vdots \\ B_{m1} \end{array} \begin{array}{c} \begin{array}{ccccc} A_0 & A_1 & A_2 & \cdots & A_{\mathrm{n}} \end{array} \\ \begin{pmatrix} q_{10} & q_{11} & q_{12} & \cdots & q_{1n} \\ q_{20} & q_{21} & q_{22} & \cdots & q_{2n} \\ \vdots & \vdots & \vdots & & \vdots \\ q_{m0} & q_{m1} & q_{m2} & \cdots & q_{mn} \end{pmatrix} \end{array}$$

b. 确定估价对象 A_0 为参考序列。

c. 根据以下公式进行无量纲化处理，也就是标准化处理，用可比案例在某一因子下的取值除以估价对象的相应因子取值计算，公式如下：

$$q'_{ij} = \frac{q_{ij}}{q_{i0}}$$

d. 计算预选交易实例与估价对象的关联度，即将各个标准化因子相乘作为该实例与估价对象的关联度度量结果，δ 为关联度，公式如下：

$$\begin{pmatrix} q'_{11} & q'_{12} & \cdots & q'_{1n} \\ q'_{21} & q'_{22} & \cdots & q_{2n} \\ \vdots & \vdots & & \vdots \\ q'_{m1} & q'_{m2} & \cdots & q'_{mn} \end{pmatrix}$$

$$\delta_1 \quad \delta_2 \quad \cdots \quad \delta_n$$

$$\delta_j = \prod_{i=1}^{m} q'_{ij}$$

e. 确定可比实例，将各实例关联度与待估对象取值比较，选取最为接近的至少 3 个案例作为可比实例，公式如下：

$$\varDelta_i = \left|\delta_i - 1\right|$$

（3）求取比准价格

确定可比案例之后，需要对可比案例进行交易情况修正、交易日期修正、房地产状况修正。通过交易情况修正，将可比案例的实际而可能不是正常的价格变成了正常价格；经过交易日期修正，将可比案例在其成交日期时的价格修正到了估价时点的价格；通过房地产状况修正，包括区域因素及个别因素修正，将可比案例在其房地产状况下的价格修正到了标准楼栋（房）房地产状况下对应的价格。通过上述修正，就把可比案例的实际成交价格修正成估价对象房地产在估价时点的客观合理价格。

A. 交易情况修正

交易情况修正是排除交易行为中的一些特殊因素所造成的交易价格偏差。这些特殊的因素包括：存在特殊交易方式、交易相关费用非正常负担、交易双方的特别动机或偏好交易、有利害关系的双方交易、急于出售或购买进行的交易等。对于这一类交易案例，在作为可比案例时，要进行交易情况修正。具体做法包括：

a. 剔除非正常的交易案例；

b. 测定各种特殊因素对正常价格的影响程度，确定影响修正系数，将非正常的价格修正为正常交易价格。

B. 交易日期修正

比准案例的成交价格是其在成交日期的价格，而实际成交日期与估价时点大多数情况下是不同的。房地产市场状况可能在此间发生了变化，价格也有可能发生变动。因此，应将可比案例的成交价格修正为在估价时点时的价格。尤其是房地产市场发生明显变化时，交易日期修正更是必不可少。

修正的公式为：

可比案例估价时点的价格 = 可比案例成交日期的价格 × 交易日期修正系数

经过对未登记房屋与商品房价格之间的数据分析，未登记房屋市场交易价格与商品房交易价格的走势基本一致，因此，可利用房地产指数进行交易日期修正。

$$交易日期修正系数=\frac{估价时点的价格指数}{可比案例成交日期的价格指数}$$

C. 房地产状况修正

房地产的状况修正包括区位状况修正和实物状况修正。选取的修正因素为区域修正因素及个别因素。区域因素包括区域规划、区域繁华度、交通便捷度、周边景观、环境质量、基础设施完善度、公用设施完善度等，个别因素包括建成年代、配套服务设施修正。具体如下：

a. 因素修正（见表 7.3.13）

表 7.3.13　房地产状况修正影响因素表

序号	修正因素	修正指标
1	区域因素	区域规划
2		区域繁华度
3		交通便捷度
4		周边景观
5		环境质量
6		基础设施完善度
7		公用设施完善度
8	个别因素	建成年代
9		配套服务设施

区域规划：根据标准楼栋所在区域的城市规划，分为优、较优、一般、较差和差五个等级，以估价对象为 100，每上升或下降一个等级，指数向上或向下修正 1。其中，优是指规划布局合理、比例协调，区域发展速度快，为居民提供最优的生活环境，属于高档住宅片区，区域治安好；较优是指规划布局较合理、比例较协调，区域发展速度较快，为居民提供较优的生活环境，区域治安良好；一般是指规划布局一般、区域发展速度一般，为居民提供一般的生活环境，区域治安一般；较差是指规划布局较差、区域发展速度较慢，区域治安较差；差是指规划布局差、区域发展速度停滞，区域治安差。

区域繁华度：根据标准楼栋所在区域商业氛围、商业繁华程度、与各级商圈距离等，分为繁华、较繁华、一般、较差和差五个等级，以估价对象为 100，每上升或下降一个等级，指数向上或向下修正 1。其中，繁华是指周边 1 千米内有市级、次市级商业区；较繁华是指周边 2 千米内有市级、次市级商业区；一般是指周边2千米内有区级、片区中心商业区；较差是指周边3千米内有区级、片区中心商业区；差是指不符合上述情况。

交通便捷度：根据标准楼栋所在区域的公共交通服务站点和路网分为便捷、较便捷 、一般、较差和差五个等级，以估价对象为100，每上升或下降一个等级，指数向上或向下修正1。其中，便捷是指周边0.5千米范围内有地铁和公交车站，路网可达市中心、市区级商业中心、飞机场、火车站、口岸和港口码头等，路网为双向四车道以上；较便捷是指周边1千米范围内有地铁和公交车站，路网可达市中心、市区级商业中心、飞机场、火车站、口岸和港口码头等，路网为双向两车道以上；一般是指周边1.5千米范围内有地铁和公交车站，路网可达市中心、市区级商业中心、飞机场、火车站、口岸和港口码头等，路网为双向两车道；较差是指周边2千米范围内有地铁和公交车站，路网可达市中心、市区级商业中心、飞机场、火车站、口岸和港口码头等，路网为双向两车道；差是指不符合上述情况。

周边景观：根据标准楼栋所在位置的景观分为好、较好、一般、较差和差五个等级，以估价对象为100，每上升或下降一个等级，指数向上或向下修正1。其中，好是指海景、山景、湖景、森林公园之一的自然景观或高尔夫球场景观；较好是指城市公园景观、较好的城市景观；一般是指一般的城市景观；较差是指较差的城市景观；差是指差的城市景观。

环境质量：根据标准楼栋所在区域的空气质量、躁声、污染等环境状况和卫生条件状况分为好、较好、一般、较差和差五个等级，以估价对象为100，每上升或下降一个等级，指数向上或向下修正1。其中，好是指空气质量好，卫生状况整洁干净，周围没有噪音、高压线路、基站、垃圾发电厂、垃圾焚烧厂等污染源；较好是指空气质量较好，卫生状况较整洁干净，周围没有轨道交通噪音、高压线路、基站、垃圾发电厂、垃圾焚烧厂等污染源，存在轻微汽车噪音；一般是指空气质量一般，卫生状况一般，周围有噪音、高压线路、基站等之一，无垃圾发电厂、垃圾焚烧厂等污染源；较差是指空气质量较差，卫生状况较差，周围有噪音、高压线路、基站等，毗邻垃圾站、公厕，无垃圾发电厂、垃圾焚烧厂等污染源；差是指空气质量和卫生状况差，有垃圾发电厂、垃圾焚烧厂等污染源。

基础设施完善度：根据标准楼栋所在位置的基础设施完善度分为完善、较完善、一般、较差和差五个等级，以估价对象为100，每上升或下降一个等级，指数向上或向下修正1。其中，完善是指水电、燃气、通信、有线电视、网络、无线局域网等基础设施完善；较完善是指水电、燃气、通信、有线电视、网络等基础设施较完善，无无线局域网；一般是指水电、燃气、通信、有线电视、网络等基础设施完善，无无线局域网；较差是指水电、燃气、通信等基础设施完善，无有线电视、网络、无线局域网；差是指不符合上述情况。

公用设施完备度：根据标准楼栋所在区域的公用设施完备度分为完备、较完备、一般、较差和差五个等级，以估价对象为100，每上升或下降一个等级，指数向上或向下修正1。其中，完备是指周边1千米范围内有教育、金融、商业、体育、医院、文化等公用设施，属于名校范围的，再向上修正1；较完备是指周边2千米范围内有教育、金融、商业、体育、医院、文化等公用设施，属于名校范围的，再向上修正1；一般是指周边2千米范围内有教育、金融、商业公用设施；较差是指周边3千米范围内有教育、金融、商业公用设施；差是指不符合上述情况。

建成年代：指建筑物在物质、功能、经济方面的磨损或损失所造成的建筑物价值的损失，以标准楼栋竣工时间为100，竣工时间每增加或减少3年，指数向上或向下修正1。可比实例与标准楼栋的竣工时间相差不得超过20年。

配套服务设施：根据配套服务设施完备度情况分为完备、一般、差三个等级，以标准楼栋为100，每上升或下降一个等级，指数向上或向下修正1。其中，完备是指有物业管理公司提供服务，并配备电梯；一般是有物业管理公司提供服务或配备电梯；差是指没有物业管理公司以及没有配备电梯。

b. 求取综合修正系数

$$综合修正系数=\frac{100}{n_1}\times\frac{100}{n_2}\times\frac{100}{n_3}\times\cdots\times\frac{100}{n_n}$$

式中：n——可比案例修正指数。

c. 求取比准价格

$P_i=P'\times A\times B\times C\times D$

式中：

P——估价对象评估价格；　A——交易情况修正系数；

P_i——估价对象比准价格；　B——交易日期修正系数；

P'——可比实例交易价格；　C——区域因素修正系数；

D——个别因素修正系数。

d. 求取标准楼栋（房）价值

每一个可比案例经过修正后均可得到一个比准价格。以这些比准价格为基础，采用加权平均、算数平均或者是选择众数等方法，最终确定标准楼栋（房）的评估价格。

4. 批量评估

最后，以标准楼栋评估结果为基础，运用前述所构建的比价关系，即可一次性求出集合内所有待估未登记房屋的评估价格。

5. 举例说明

以宝安区福永街道集合“住宅 128”为例，详细说明住宅类楼栋价格的批量评估过程。“住宅 128”位于深圳市宝安区福海街道，集合内有未登记住宅 331 栋，建筑密度较高，楼栋分布杂乱，片区治安环境较差。部分楼体之间的间距较小，采光情况较差，如图 7.3.10 所示。

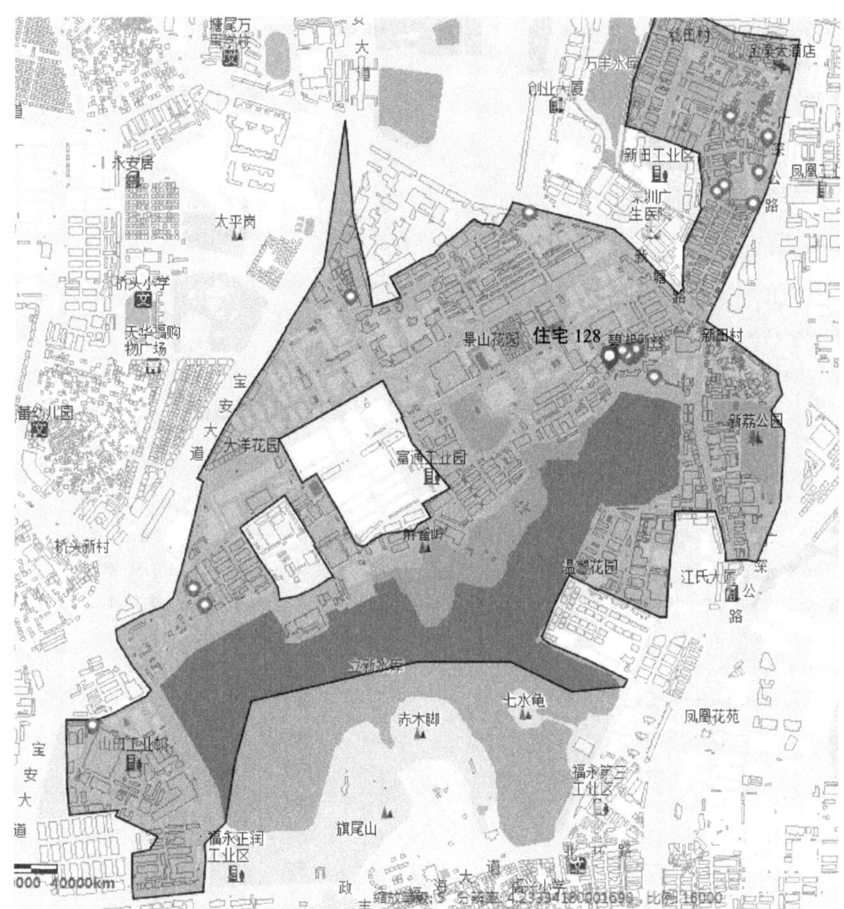

图 7.3.10　“住宅 128”的评估集合示意图

（1）比价关系构建

根据前述比价关系构建的思路和指标量化标准，结合待估对象的类型，综合选取区域因素及个别因素两类特征因素，然后在此基础上确定具体的量化指标。其中，区域因素从交通条件、景观环境、配套设施、地质条件等方面进行判定量化，个别因素从新旧程度、电梯配备、物业管理情况等方面进行判定。根据因素量化标准对上述指标进行量化赋值，经计算得到集合比价关系。打分及比价关系计算情况如图 7.3.11 ～图 7.3.13 所示。

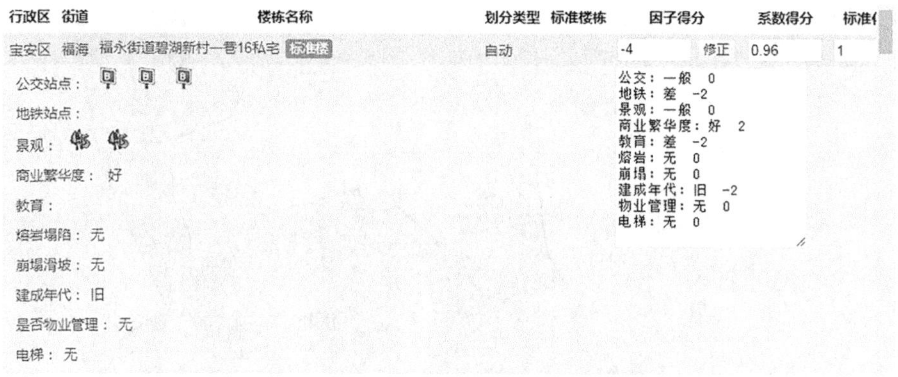

图 7.3.11 集合“住宅 128”因素打分计算截图

行政区	街道	楼栋名称	划分类型	标准楼栋	因子得分		系数得分	标准价
宝安区	新桥	沙井街道万丰凤塘路大洋田工业区47栋私宅	自动	选择	-4	修正	0.96	1
宝安区	福海	凤凰世纪花园	自动	选择	-2	修正	0.98	1.02
宝安区	福海	福永街道利兴水库4栋私宅	自动	选择	-8	修正	0.92	0.96
宝安区	福海	浩昌布厂6	自动	选择	-8	修正	0.92	0.96
宝安区	福海	福永街道中信工业城15栋宿舍	自动	选择	-9	修正	0.91	0.95
宝安区	福海	福永街道中信工业城21栋宿舍	自动	选择	-8	修正	0.92	0.96
宝安区	福海	新田大道二巷25号私宅	自动	选择	2	修正	1.02	1.06
宝安区	福海	福永街道利兴水库2栋私宅	自动	选择	-10	修正	0.9	0.94
宝安区	福海	福永街道合泰工业园4号宿舍	自动	选择	-6	修正	0.94	0.98
宝安区	福海	浩昌布厂9	自动	选择	-8	修正	0.92	0.96
宝安区	福海	福永街道新田社区凤凰圩街137号北私宅	自动	选择	-2	修正	0.98	1.02
宝安区	福海	福永街道旧村山庄184号私宅	自动	选择	0	修正	1	1.04
宝安区	福海	福永街道中信工业城5栋宿舍	自动	选择	-7	修正	0.93	0.97
宝安区	福海	福永街道旧路41号私宅	自动	选择	-3	修正	0.97	1.01
宝安区	福海	福永街道旧区00054号私宅	自动	选择	-3	修正	0.97	1.01
宝安区	福海	福永街道稔田工业区156号私宅	自动	选择	-3	修正	0.97	1.01
宝安区	福海	福永街道旧路47号私宅	自动	选择	-3	修正	0.97	1.01
宝安区	福海	福永街道旧村一巷25号私宅	自动	选择	0	修正	1	1.04
宝安区	福海	福永街道凤凰圩街68号私宅	自动	选择	-2	修正	0.98	1.02

图 7.3.12 集合“住宅 128”比价关系计算结果截图 1

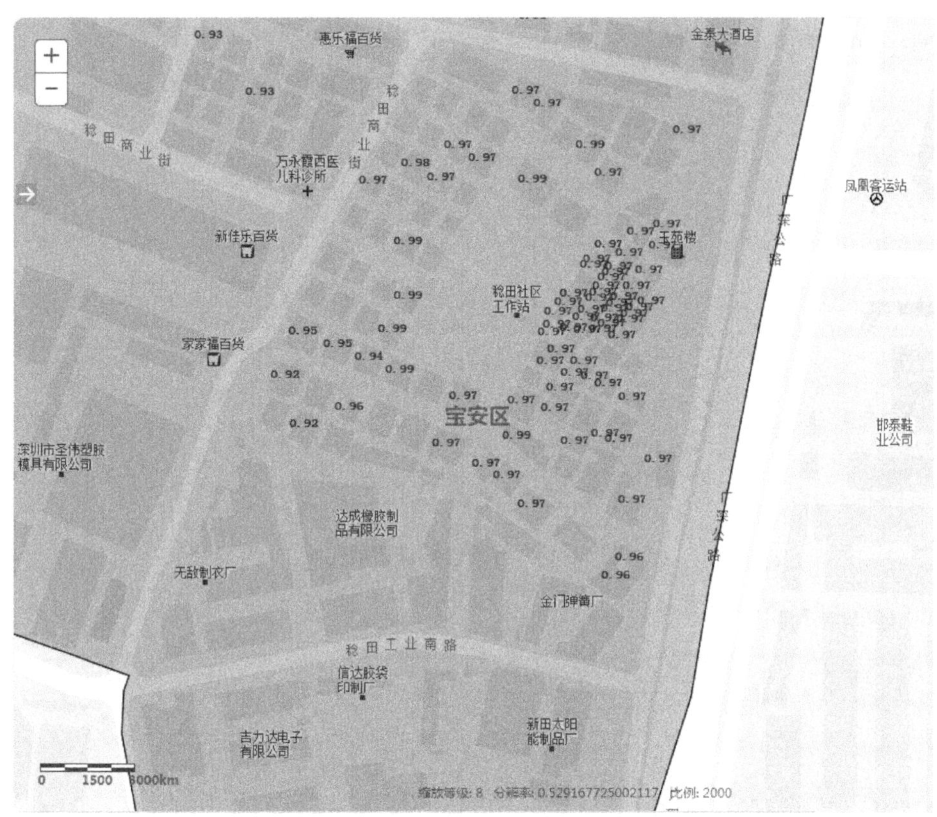

图 7.3.13 集合“住宅 128”因素打分及比价关系结果截图 2

（2）标准楼栋价格评估

①选取标准楼栋

标准楼栋是集合内拥有最多共同属性或者最多数目的典型楼栋，它代表了本集合的楼栋平均价格水平。编号“住宅 128”集合内有未登记住宅共计 331 栋。基于标准楼栋具备的特征，选取福海街道碧湖新村一巷 16 私宅为集合的标准楼栋。楼栋总层数为 5 层，建筑总高度为 15 米，建筑面积为 792 平方米，1998 年 12 月建成。楼栋具备集合内住宅楼栋的一般属性。如图 7.3.14 ～图 7.3.16 所示。

评估时点： 2020-10-01　　集合编号： 住宅128　　楼栋名称

楼栋名称	划分类型	标准楼栋	因子得分		系数得分
湖新村一巷16私宅 标准楼	自动		-4	修正	0.96
北侧私宅	自动	选择	-4	修正	0.96
田工业区247号私宅	自动	选择	-4	修正	0.96
业南路1私宅	自动	选择	-4	修正	0.96
树路03私宅	自动	选择	-4	修正	0.96
田社区新田居委水库边12号私宅	自动	选择	-4	修正	0.96
田旧路83号私宅	自动	选择	-4	修正	0.96
田商业街68号宿舍	自动	选择	-4	修正	0.96
湖新村一巷9私宅	自动	选择	-4	修正	0.96
湖新村一巷10私宅	自动	选择	-4	修正	0.96
湖新村二巷9私宅	自动	选择	-4	修正	0.96
区4号私宅	自动	选择	-4	修正	0.96
区4号私宅	自动	选择	-4	修正	0.96
湖新村二巷11私宅	自动	选择	-4	修正	0.96

楼栋详情

对象详情　周边详情

4403060020120400057
宝安区
福海
福永街道碧湖新村一巷16私宅
宝安区福永街道碧湖新村一巷16
框架
5
792
1998-12-31
无
15

图 7.3.14　标准楼栋详情截图

图 7.3.15　标准楼栋位置图

图 7.3.16　标准楼栋影像图

②选择可比实例

根据估价对象状况和估价目的，从预选的交易实例中选取与估价对象最类似的 3 个交易案例作为可比案例，主要步骤如下：

a. 将估价对象和预选交易实例形成特征变量矩阵，每一列代表一个案例，A_0 为估价对象，A_n 为预选交易实例；每一行代表各种变量因素，如交易情况、交易日期、区域因素、个别因素和土地使用年期，q 为其取值。将估价对象作为参考序列，如下所示：

$$\begin{array}{c} \\ B_1 \\ B_2 \\ \vdots \\ B_{m1} \end{array} \begin{array}{c} \begin{array}{ccccc} A_0 & A_1 & A_2 & \cdots & A_n \end{array} \\ \begin{pmatrix} q_{10} & q_{11} & q_{12} & \cdots & q_{1n} \\ q_{20} & q_{21} & q_{22} & \cdots & q_{2n} \\ \vdots & \vdots & \vdots & & \vdots \\ q_{m0} & q_{m1} & q_{m2} & \cdots & q_{mn} \end{pmatrix} \end{array}$$

b. 确定估价对象 A_0 为参考序列。

c. 根据以下公式进行无量纲化处理，也就是标准化处理，用可比案例在某一因子下的取值除以估价对象的相应因子取值计算，公式如下：

$$q'_{ij} = \frac{q_{ij}}{q_{i0}}$$

d. 计算预选交易实例与估价对象的关联度，即将各个标准化因子相乘作为该实例与估价对象的关联度度量结果，δ 为关联度，公式如下：

$$\begin{pmatrix} q'_{11} & q'_{12} & \cdots & q'_{1n} \\ q'_{21} & q'_{22} & \cdots & q_{2n} \\ \vdots & \vdots & & \vdots \\ q'_{m1} & q'_{m2} & \cdots & q'_{mn} \end{pmatrix}$$

$$\delta_1 \quad \delta_2 \quad \cdots \quad \delta_n$$

$$\delta_j = \prod_{i=1}^{m} q'_{ij}$$

e. 确定可比实例，将各实例关联度与待估对象取值比较，选取最为接近的 3 个案例作为可比实例，公式如下：

$$\Delta_i = |\delta_i - 1|$$

③通过以上计算，可比案例详见表 7.3.14（价格单位：元 / 平方米）。

表 7.3.14 可比实例情况表

项目名称	位置	交易时间	交易均价
御林山景	凤凰大道与广深高速交汇处，凤凰广场东北侧	2018	17000
福永商会大厦	桥和路与大洋路交汇处东南侧	2019	17000
福馨花园	福洲大道与福园一路交汇处西北侧	2018	15000

标准楼栋及可比案例位置影像图如图 7.3.17 所示。

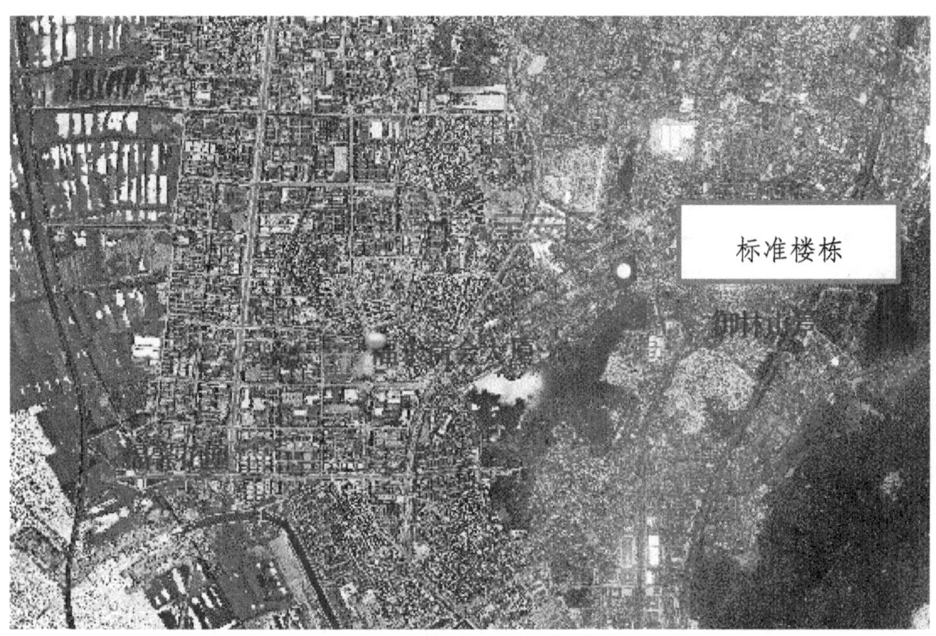

图 7.3.17　标准楼栋及可比案例位置影像图

（3）因素修正

待估标准楼栋与可比实例的各影响因素条件、因素条件指数、因素条件修正详见图 7.3.18 ～图 7.3.20。

因素说明 \ 评估地产		福永街道碧湖新村一巷16私宅		御林山景		福永商会大厦		福馨花园	
交易时间			100	2018	100	2018	100	2018	100
交易情况		正常 ▼	100	正常 ▼	100	正常 ▼	100	正常 ▼	100
区域因素	区域规划	较优 ▼	98	一般 ▼	96	较优 ▼	98	一般 ▼	96
	区域繁华度	较繁华 ▼	98	一般 ▼	96	较繁华 ▼	98	一般 ▼	96
	交通便捷度	便捷 ▼	100	一般 ▼	96	便捷 ▼	100	一般 ▼	96
	景观	一般 ▼	96	一般 ▼	96	一般 ▼	96	一般 ▼	96
	环境质量	较好 ▼	98	好 ▼	100	较好 ▼	98	较好 ▼	98
	基础设施完备度	完善 ▼	100	完善 ▼	100	完善 ▼	100	完善 ▼	100
	外部配套设施完备度	完备 ▼	100	完备 ▼	100	完备 ▼	100	完备 ▼	100
实物因素	新旧程度	一般 ▼	90	新 ▼	100	一般 ▼	90	较新 ▼	95
	配套服务设施	一般 ▼	96	完备 ▼	100	较完备 ▼	98	较完备 ▼	98
	装饰装修	一般 ▼	90	高 ▼	100	较高 ▼	95	较高 ▼	95
	外观	一般 ▼	96	好 ▼	100	较好 ▼	98	较好 ▼	98

图 7.3.18　比较因素条件说明

因素说明 \ 评估地产		福永街道碧湖新村一巷16私宅		御林山景	福永商会大厦	福碧花园
交易时间			100	100/100	100/100	100/100
交易情况		正常 ▼	100	100/100	100/100	100/100
区域因素	区域规划	较优 ▼	98	98/96	98/98	98/96
	区域繁华度	较繁华 ▼	98	98/96	98/98	98/96
	交通便捷度	便捷 ▼	100	100/96	100/100	100/96
	景观	一般 ▼	96	96/96	96/96	96/96
	环境质量	较好 ▼	98	98/100	98/98	98/98
	基础设施完备度	完善 ▼	100	100/100	100/100	100/100
	外部配套设施完备度	完备 ▼	100	100/100	100/100	100/100
实物因素	新旧程度	一般 ▼	90	90/100	90/90	90/95
	设施设备	一般 ▼	96	96/100	96/98	96/98
	装饰装修	一般 ▼	90	90/100	90/95	90/95
	外观	一般 ▼	96	96/100	96/98	96/98
综合修正系数				0.79	0.91	0.93
案例单价（元/㎡）				17000	17000	15000
标准价格（元/㎡）				13500.22	15454.61	14023.55

图 7.3.19　比较因素条件指数

因素说明 \ 评估地产		福永街道碧湖新村一巷16私宅		御林山景	福永商会大厦	福碧花园
交易时间			100	100	100	100
交易情况		正常 ▼	100	100	100	100
区域因素	区域规划	较优 ▼	98	96	98	96
	区域繁华度	较繁华 ▼	98	96	98	96
	交通便捷度	便捷 ▼	100	96	100	96
	景观	一般 ▼	96	96	96	96
	环境质量	较好 ▼	98	100	98	98
	基础设施完备度	完善 ▼	100	100	100	100
	外部配套设施完备度	完备 ▼	100	100	100	100
实物因素	新旧程度	一般 ▼	90	100	90	95
	配套服务设施	一般 ▼	96	100	98	98
	装修	一般 ▼	90	100	95	95
	外观	一般 ▼	96	100	98	98
评估单价（元/㎡）			14326			

图 7.3.20　比较因素系数修正

（4）求取待估标准楼栋价格

根据上述修正结果，采用算数平均对比准价格进行处理，得到待估标准楼栋的价格为 14326 元 / 平方米。

以待估标准楼栋价格为基础，运用已构建的比价关系，即可批量求出集合内所有待估私人自建房的价格。其公式为

$$P=P_{标准}\times P_{比价}$$

评估结果如图 7.3.21 ～图 7.3.23 所示。

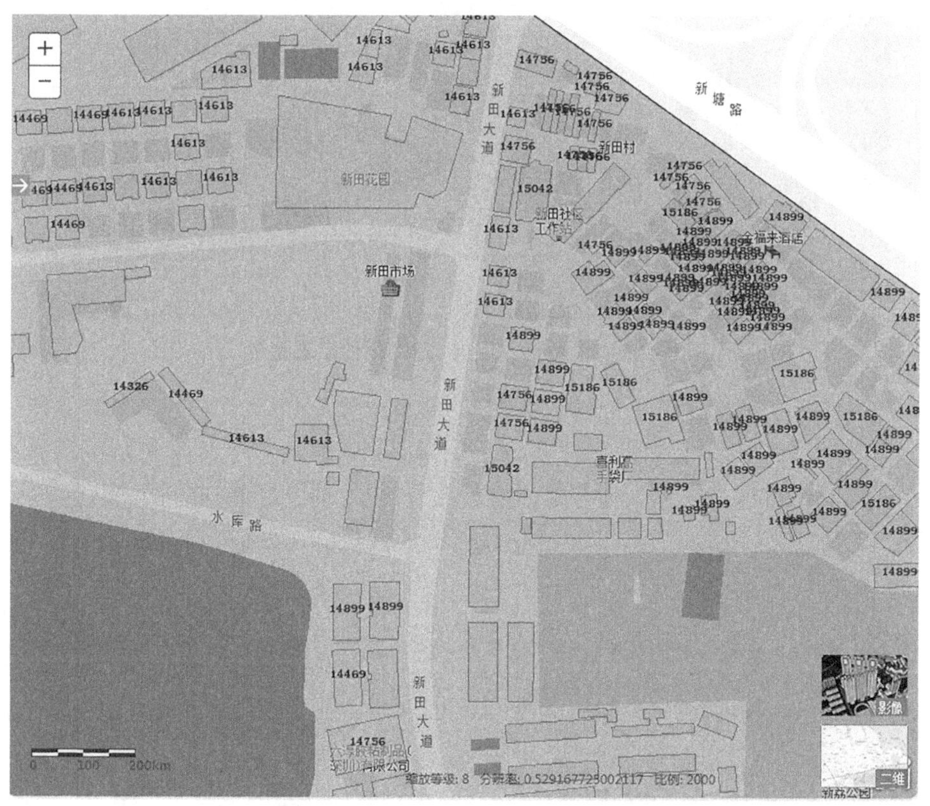

图 7.3.21　**集合“住宅 128”评估结果图 1**

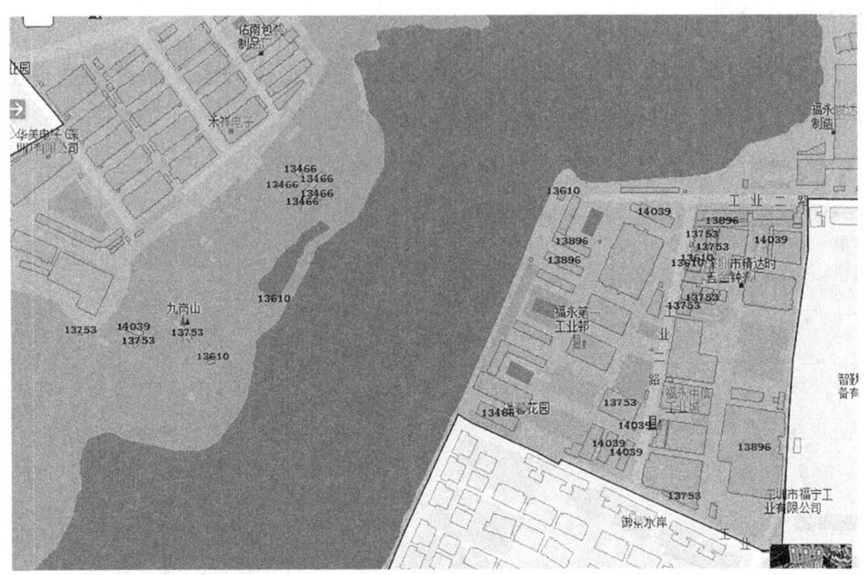

图 7.3.22　集合“住宅 128”评估结果图 2

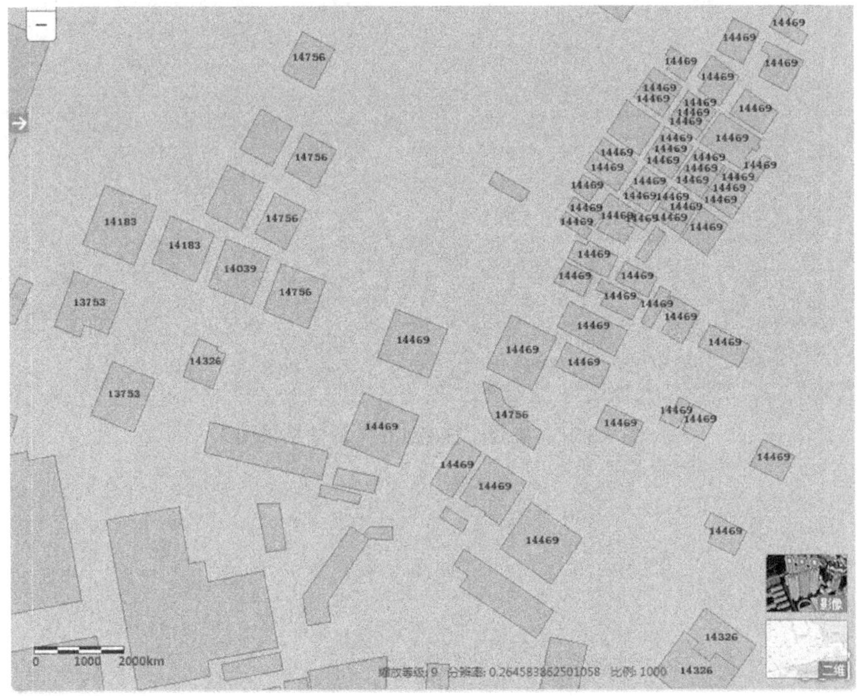

图 7.3.23　集合“住宅 128”评估结果图 3

（二）在国有土地上的住宅类房屋价格评估

在国有土地上住宅栋数为2.2万栋，建筑面积为11678万平方米。这部分房地产采用房地分估的方式进行评估，即建筑物重新购建价格加上市场地价得到房地产评估价值。建筑物重新购建价格评估采用基于成本法的批量评估方法进行。市场地价按照深圳市发布的标定地价进行核算。

四、工业类未登记房屋价格评估

深圳市工业类未登记房屋栋数为11.46万栋，建筑面积为21570万平方米，分别占全市未登记房地产总量的23.9%、31.5%。从用途上看，此类房屋多以工业厂房、物流仓储为主；从分布上看，主要分布在原特区外，原特区内的数量较少。其中，在原集体土地上的工业房屋栋数为9.02万栋，总建筑面积为15666万平方米；在国有土地上住宅栋数为2.43万栋，建筑面积为5904万平方米。

（一）在原集体土地上的工业类未登记房的评估

在原集体土地上的工业类未登记房的评估技术路线与住宅类未登记房技术路线相似，均基于批量评估模型，通过集合划分、比价关系构建、交易案例筛选、标准楼栋评估等步骤完成。不同之处主要在于比价关系构建的影响特征因素以及标准楼栋评估方法，具体如下：

第一，价格影响因素选择有所差异。不同类型房地产其价格影响因素差异较大。因此在评估中针对工业类未登记房的具体特点，筛选价格影响因素。

第二，标准楼栋评估方法有所差异。有别于住宅房地产标准楼栋采用市场比较法进行评估，工业类房屋由于交易市场不活跃、租赁市场活跃等特点，市场交易价格相对较少、租赁价格相对较多。因此，采用直接资本化法对标准楼栋进行评估。

1. 评估集合划分

工业类未登记房屋评估集合划分依然是从区位角度出发，依托街道办、标准分区、基础网格的划分标准，同时也要兼顾地域要素、经济要素、社会要素以及社会心理要素，遵循区域相连、供求相似、数量合理等原则。由于工业厂房分布较广且价格差异较小，本次评估将该类未登记房地产在满足估价需求的基础上划分了 53 个评估集合。评估集合如图 7.4.1 所示。

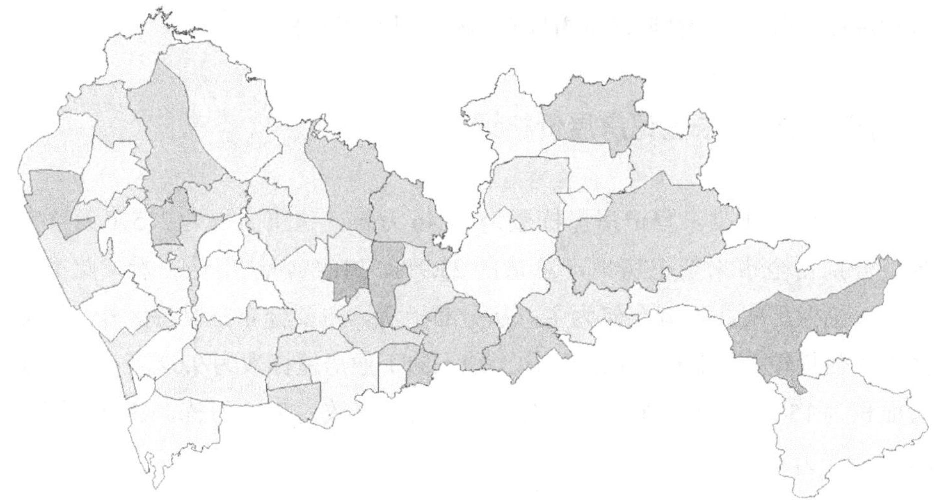

图 7.4.1　全市工业类未登记房地产集合划分结果

2. 比价关系构建

（1）比价关系影响因素

该类房屋影响因素包括区域因素和个别因素。其中，区域因素包括交通条件、产业聚集度和地质条件；个别因素包括建筑规模、建筑年代、建筑结构、电梯配备以及层高等情况。具体选取因素如表 7.4.1 所示。

表 7.4.1　工业类未登记房地产价格影响因素表

因素	特征因素	指标
区域因素	交通便利度	道路通达度：考虑道路的服务半径，包括主干道、次干道、支路
		公交便捷度：公交车站、地铁等分布
		对外交通便利度：距离码头、机场、车站的距离
	产业聚集度	产业的聚集程度
	熔岩塌陷	压占地质灾害高发区
	崩塌滑坡	临近地质灾害边坡点

（续表）

因素	特征因素	指标
个别因素	建筑规模	5000 平方米以下面积规模为一般，5000 ～ 10000 平方米面积规模为较好，10000 平方米以上面积规模为好
	电梯	有无电梯
	建筑年代	建成时间
	建筑结构	根据建筑材料分为钢结构、钢混、砖混结构等
	层高	楼层的高度

（2）因素量化标准

①区域因素

A. 交通条件

交通条件是工业类房地产的重要影响因素，根据周边公共交通、路网情况，交通枢纽的分布情况等划分并进行量化。

a. 道路通达度（见表 7.4.2）

表 7.4.2　道路通达度打分表

交通条件	等级	分值
周边 1 千米范围内与主干道相临	便捷	+4
周边 1 千米内与次干道相临	一般	+2
不符合上述情况	其他	0

b. 公交（见表 7.4.3）

表 7.4.3　公交条件打分表

判定条件	等级	分值
距离≤ 500 米，公交线路≥ 5	好	+1
距离≤ 500 米，1 ≤公交线路 <5	一般	0
不符合上述情况	差	−1

c. 地铁（见表 7.4.4）

表 7.4.4　地铁条件打分表

判定条件	等级	分值
距离≤ 500 米，地铁出入口≥ 1	好	+1
500 米 < 距离≤ 800 米，地铁出入口≥ 1	一般	0
不符合上述情况	差	−1

B. 产业聚集度

产业聚集度反映工业产业在一定范围的集中程度，是各种生产要素在一定地域范围的大量集聚和有效集中，通过采用单位面积厂房或工业园区数量作为量化条件（详见表 7.4.5）。深圳市工业园区分布图如图 7.4.2 所示。

表 7.4.5　产业聚集度打分表

判定条件	等级	打分
周边 1 千米范围产业园区（厂房）数量≥ 15	聚集	+4
12 ≤周边 1 千米范围产业园区（厂房）数量 <15	较聚集	+2
8 ≤周边 1 千米范围产业园区（厂房）数量 <12	一般	0
不符合上述情况	差	−4

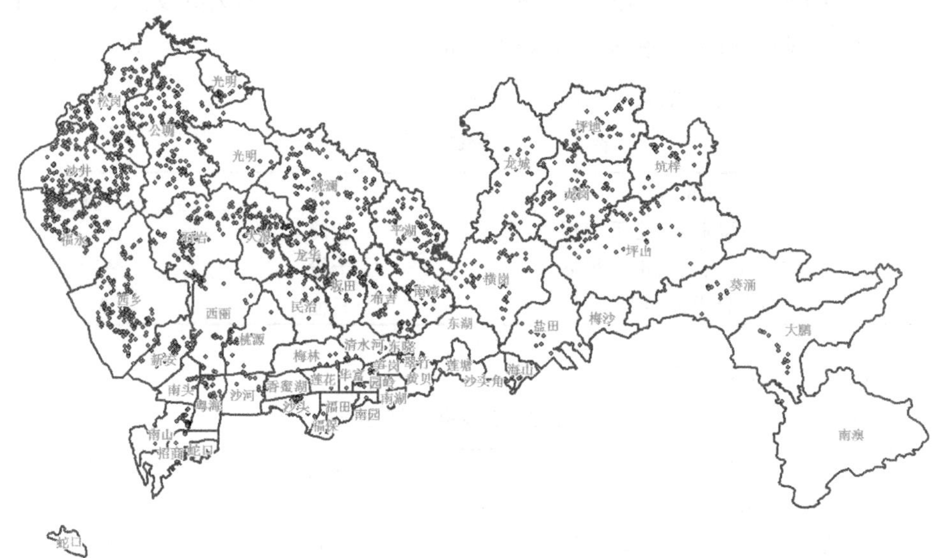

图 7.4.2　深圳市工业园区分布图

C. 地质影响因素

地质条件因素主要从地质条件方面进行考虑，具体包括熔岩坍塌及崩塌滑坡情况的量化打分。

a. 熔岩塌陷（见表 7.4.6）

表 7.4.6　熔岩塌陷量化标准表

是否处于塌陷范围	等级	分值
是	/	−1
否	/	0
不符合上述情况	差	−1

b. 崩塌滑坡（见表 7.4.7）

表 7.4.7　崩塌滑坡量化标准表

是否处于滑坡范围	等级	分值
是	/	−1
否	/	0
不符合上述情况	差	−1

②实物因素

A. 建成年代

建成年代是影响房地产价值的重要指标之一。建成年代直接反映出建筑物新旧程度。根据深圳市未登记房地产的建成时间，将其划分为了 5 个等级，距今 10 ～ 15 年的不作修正。建成时间每增加或减少 5 年，分数向上或向下修正 1（见表 7.4.8）。

表 7.4.8　建筑年代打分表

判定条件	等级	分值
距今建成时间≤ 5 年	新	+2
5 年 < 距今建成时间≤ 10 年	较新	+1
10 年 < 距今建成时间≤ 15 年	一般	0
15 年 < 距今建成时间≤ 20 年	较旧	−1
距今建成时间 >20 年	旧	−2

B. 建筑规模

以楼栋总建筑面积为基础，对其进行分量化打分（见表 7.4.9）。

表 7.4.9　建筑规模打分表

判定条件	等级	分值
建筑面积≥ 8000 平方米	好	+2
2000 平方米≤建筑面积 <8000 平方米	较好	+1
1000 平方米≤建筑面积 <2000 平方米	一般	0
500 平方米≤建筑面积 <1000 平方米	较差	−1
建筑面积 <500 平方米	差	−2

C. 电梯配备

根据厂房是否配备电梯进行打分（见表 7.4.10）。

表 7.4.10　电梯打分表

判定条件	等级	分值
配备电梯	有	+2
不配备电梯	无	0
不符合上述情况	差	−1

D. 建筑结构

对于工业房地产而言，建筑结构也是影响价格的重要因素。根据不同的建筑结构进行打分赋值（见表 7.4.11）。

表 7.4.11　建筑结构打分表

判定条件	分值
钢结构	+2
框架结构、框剪结构、筒体结构	+1
混合结构	0
砖瓦结构及其他	−1

E. 层高

根据楼层的高度进行量化评分（见表 7.4.12）。

表 7.4.12　层高打分表

判定条件	分值
层高≥ 6 米	2
3.9 米≤层高 <6 米	1
其他	0

3. 标准楼栋价格评估

市场上工业类未登记房大多以厂房整体、整层或整层分割等形式进行租赁交易，租赁市场较为活跃，可以从市场上获取其租金等收益数据。因此，工业类未登记房的标准楼栋价格可通过收益法进行评估。同时，由于在原集体土地上的工业类未登记房土地使用权没有法定年限，因此采用收益年限为无限年期的收益法公式：房地产价格 = 年净收益 / 报酬率进行计算。报酬率采用市场提取法进行测算。

因此，标准楼栋评估具体步骤包括交易案例收集筛选、可比案例的选取、可比案例因素修正以及比准价格求取。下面分别予以详细说明：

（1）案例收集筛选

本次评估原则上需收集估价时点一年内的工业类未登记房地产交易租赁数据，如果未登记房地产交易租赁案例数量少，可将案例收集的时间稍稍扩大。工业类未登记房地产交易案例非常稀少，主要以租赁为主，租赁价格相对容易收集，但是由于租赁市场相对住宅类整体案例少、交易不频繁等情形，价格相对稳定，但又会因物业自身特殊性造成相邻物业租金价格存在较大差异的情况。

①租金案例收集

工业厂房租赁市场相对较为活跃，市场租金案例收集易于交易数据收集。主要的方式包括收集传单、电话咨询、实地调查、网络查询等，在获取租金信息的同时，还要收集案例的位置信息、楼栋状况、出租运营状况、周边配套等信息。

②交易案例收集

工业类未登记房以租赁市场为主，加上交易的隐蔽性，因此交易数据获取难度很大。交易数据主要通过实地走访、电话咨询等方式获取。该数据的获取主要是为了满足报酬率的测算。

③数据筛选

案例收集的同时，需要对收集的案例进行属性整合和标准化处理。具体包括实时补充缺失信息、核实不相符合的面积用途等。同时，估价师依据自身经验，并结合个案评估数据与挂牌数据，在地理信息平台上进行作业，对被筛选出的每条交易案例进行判定，确定其是否为真实可靠的案例，经过筛选后合格的案例数据纳入未登记房地产评估数据库用于后续评估，不合格案例则直接剔除。

（2）标准楼栋评估

选择能代表集合内各项因素及价格平均水平的楼栋为标准楼栋。标准楼栋的价格采用收益法进行评估。

①求取年有效毛收入

A. 调查客观租金水平，根据充分的市场调查及收集相关资料、信息，确定待估对象周边区域的类似厂房单位平均租金水平，并结合待估对象自身的状况，确定合理的租金标准。

B. 对片区平均空置率及租金损失进行调查；

C. 潜在毛收入扣除空置率及租金损失后，得到有效毛收入。

②求取年运营费用

运营费用包括维持房地产正常使用或营业的必要支出。出租人应承担的运营费用一般包括营业税、房产税、教育附加费、城市建设维护税、印花税、土地使用税、维修费、保险费、管理费等。

③求取年净收益

年净收益为有效毛收入扣除运营费用后的余值。

④测算报酬率

A. 市场提取法测算报酬率

根据工业类未登记房的特点，采取市场提取法求取报酬率，即通过市场上近期交易的与估价对象收益流模式（包括净收益的变化、收益期限的长短）等相同的未登记房地产样本楼栋的售价及净收益求取。

$$\text{报酬率} = \frac{1}{n}\sum(\text{样本房净收益} / \text{样本房售价})$$

项目组收集了 2017 年、2018 年的工业类未登记房同一楼栋样本的租金和售价数据。其中，在收集到租金数据的 124 个案例中，收集到交易数据 88 条。对收集到租金进行运营成本、租金损失扣除处理后得到净收益。通过各样本点的净收益与售价之间的比值，测算报酬率。

B. 查阅无风险报酬率进行校正

无风险报酬率即安全利率，一般选用同一时期一年定期存款年利率或国债年利率。目前，一年期定期存款利率为 1.75%；三年期国债年利率为 3.9%，五年期国债年利率为 4.17%。无风险报酬率是累加法求取报酬率的基础，对其进行风险调整即可测算报酬率。

C. 各类用途还原率（见表 7.4.13）

表 7.4.13　各类用途还原率取值表

	住宅	办公	商业	工业
土地	5%	5.5%	6%	5%
房屋	6%	6.5%	7%	6%

通过计算净收益与售价的比值，参考无风险报酬率与个案评估中最高的商业报酬率，取比值为 4.17% ～ 7% 之间的 74 个案例进行了平均。最终，确定原特区外的工业类未登记房报酬率为 5.61%，原特区内的报酬率为 5%。

D. 求取标准楼栋的价格

根据公式：房地产价值 = 年净收益 / 报酬率，求取标准楼栋的评估价格。

4. 批量评估

最后，以标准楼栋评估结果为基础，运用前述所构建的比价关系，即可一次性求出集合内所有待估工业类未登记房的评估价格。

5. 举例说明

以调查到售价与租金的观澜街道一工业评估集合为例说明工业类未登记房地产评估过程。集合位于龙华区观澜街道观平路南侧，周边工业区分布较多，紧邻主干道观平路、G94 高速公路。

（1）比价关系构建

根据工业类未登记房地产比价关系构建的方法，对集合类所有工业楼栋进行交通条件、产业聚集度、基础配套设施、建筑规模、建筑年代、建筑结构以及电梯配备等情况进行评判赋值，构建集合内的比价关系网络。比价关系如图 7.4.3 所示。

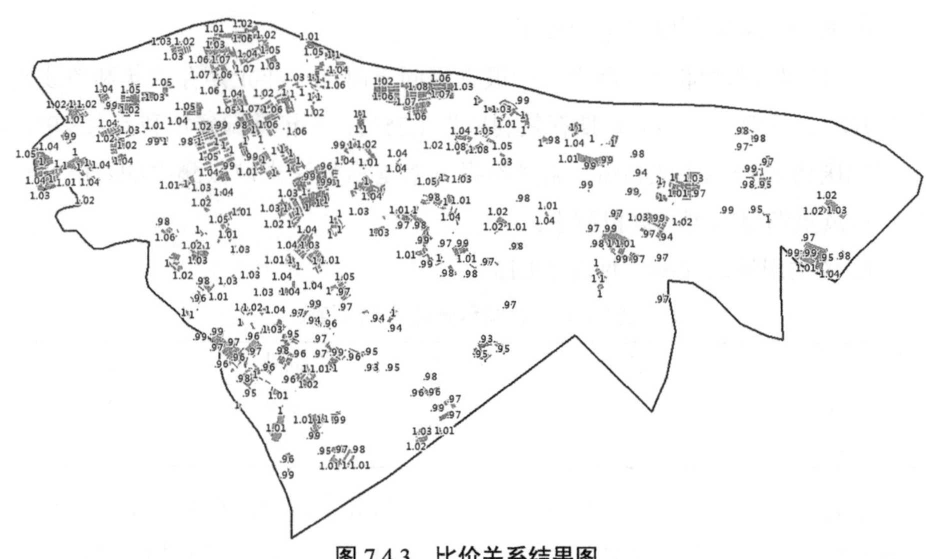

图 7.4.3 比价关系结果图

（2）标准楼栋评估

①调查并确定客观租金水平

在评估过程中，搜集到了租金案例 9 个，其分布如图 7.4.4 所示，其中第 7、8、9 个案例同时搜集到了交易价格。

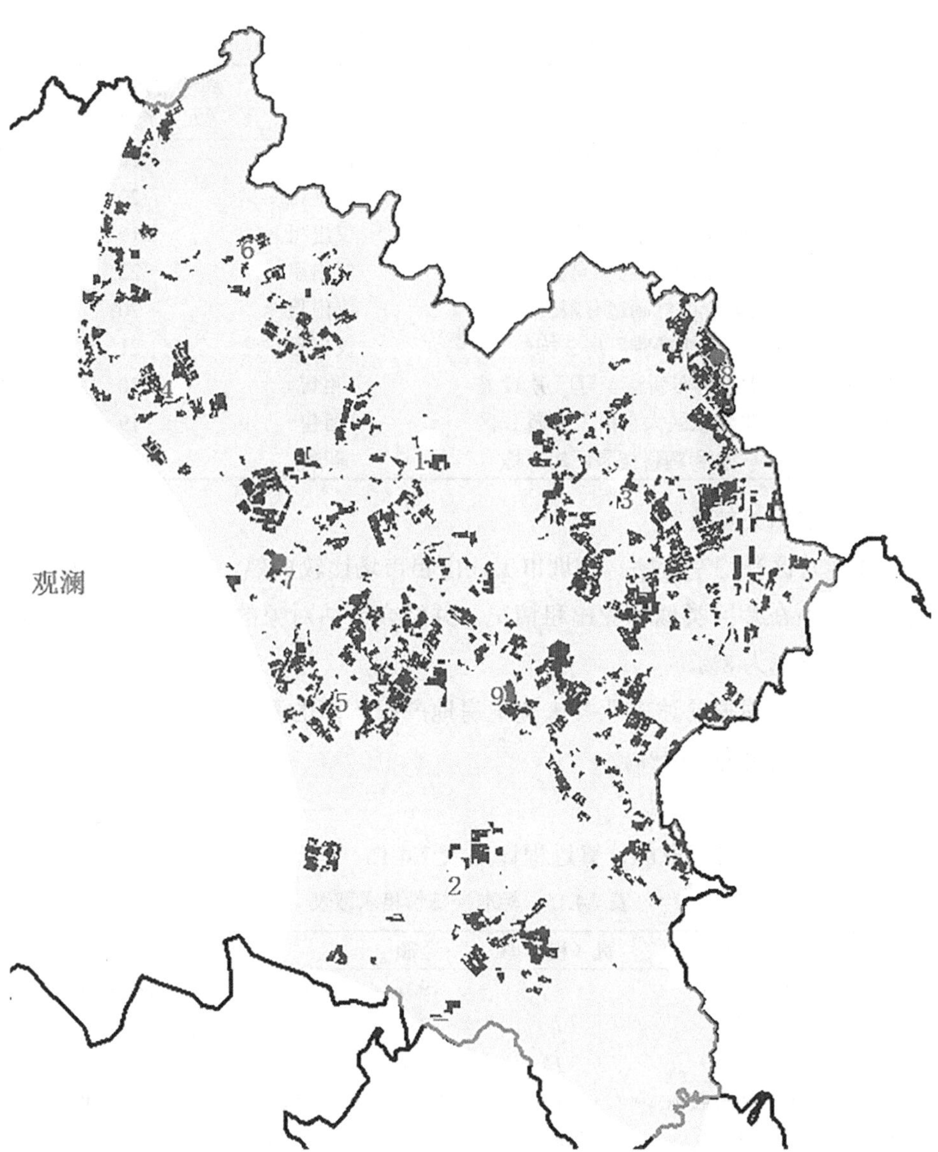

图 7.4.4　集合楼栋及调查案例分布图

由表 7.4.14 可以看出，待估标准楼栋类似房地产每月平均租金水平为 19 元 / 平方米至 22 元 / 平方米之间。结合估价对象自身的状况，估价对象周边区域类似房地产的月平均正常客观租金约为 21 元 / 平方米较合理。

表 7.4.14 案例调查信息表

序号	案例名称	交易类型	楼栋市场租金水平（元 / 平方米 / 月）
1	福日优美通迅科技有限公司厂房	仅出租	20
2	下围工业区一路 1 号 G 栋	仅出租	20
3	观澜街道牛湖社区老二村	仅出租	19
4	观澜街道库坑社区同富裕工业区	仅出租	22
5	艾博金电气制造有限公司厂房	仅出租	20
6	协威雅厂房 2 栋	仅出租	21
7	大布巷布新路 5 号厂房 12 栋	租售	20
8	牛湖社区大水田工业园 B 区	租售	19
9	金和瑞科技园厂房二栋	租售	19

②确定相关参数

确定片区平均空置率。深圳市工业出租市场比较成熟，一般空置率较低。根据集合所在片区类似物业出租情况，并结合待估对象的自身情况，确定估价对象空置率为 8%。

报酬率。根据前述工业类未登记房地产报酬率的测算方法及思路，本项目的报酬率确定为 5.61%。

③求取标准房价格

标准楼栋价格求取的计算过程详见表 7.4.15。

表 7.4.15 标准楼栋价格求取表

序号	项目	费（税）率	金额	单位及说明
一	房产原值	/	1921	元根据同类建筑工程造价指标
1	月租金	/	21	根据市场调查
2	空置率	/	8%	根据市场调查
二	房地产年总收入	/	231.84	月租金 ×12×（1 －空置率）
4	营业税费	5.00%	11.59	年租金收益 × 费率
5	城市建设维护税	7%	0.81	营业税 × 费率
6	教育费附加	5%	0.58	营业税 × 费率
7	印花税	0.10%	0.23	年租金收益 × 费率
9	土地使用税	/	1.94	等级税额
10	维修费	1.50%	28.82	重置成本 × 费率
11	管理费	2.00%	4.64	年租金收益 × 费率

（续表）

序号	项目	费（税）率	金额	单位及说明
12	房产税	1.2%	16.14	房产原值 70%× 费率
13	保险费	0.20%	3.84	房产原值 × 费率
三	房地年总支出	/	68.59	第 4 至 13 项之和
四	房地年纯收益	/	163.25	总租金一年总费用
五	报酬率	/	0.0561	市场提取法求取
六	房地产价值	/	2910.07	年净收益 / 报酬率

④批量评估集合内所有楼栋价格

根据公式：$P=P_{标准}\times R_{比价}$，计算得到各楼栋的评估价格。评估结果如图 7.4.5 所示。

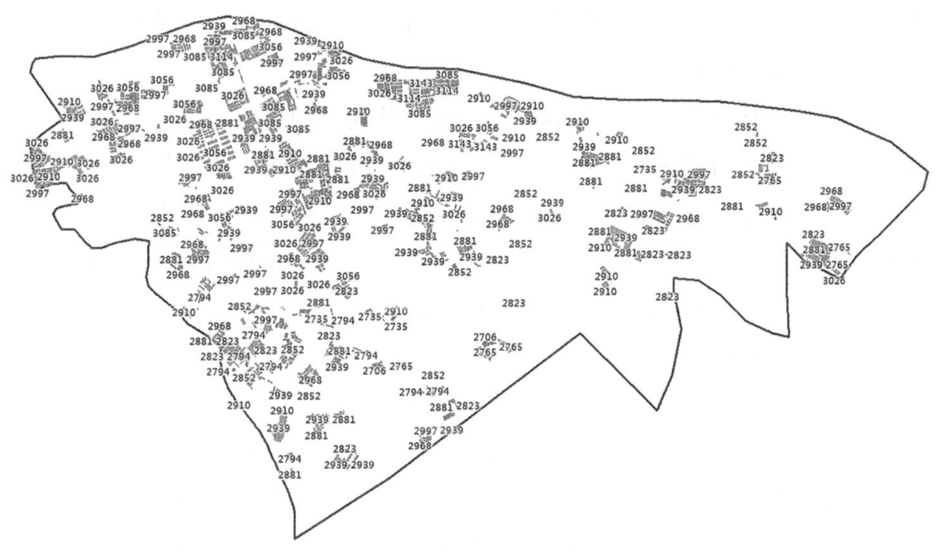

图 7.4.5　集合评估结果图

（二）在国有土地上的工业类未登记房的评估

在国有土地上工业未登记房屋栋数为 2.43 万栋，建筑面积为 5904 万平方米。这部分房地产采用房地分估的方式进行评估，即建筑物重新购建价格加上市场地价得到房地产评估价值。建筑物重新购建价格评估采用基于成本法的批量评估方法进行。市场地价按照深圳市发布的标定地价进行核算。

五、商业办公类未登记房屋价格评估

深圳市商业类未登记房屋共计 1.69 万栋，办公类未登记房地产共计 0.32 万栋，数量较少，根据实地调研，极少有纯商业类、纯办公类未登记房地产，因此本轮评估将二者合并为一类进行评估。

（一）在原集体土地上的商业办公类未登记房屋的评估

在原集体土地上的商业办公类未登记房屋栋数为 1.41 万栋，建筑面积 2462 万平方米。该类房屋在评估方法上与工业类相似，均基于批量评估模型，通过集合划分、比价关系构建、交易案例筛选、标准楼栋评估等步骤完成。不同之处主要在于比价关系构建的影响特征因素。具体评估方法如下：

1. 评估集合划分

商业类、办公类评估集合的划分方法与其他类别类似，遵循从区域级同质区域到片区级同质区域再到评估集合划分的步骤。综合考虑行政区划、规划功能、标准分区、产业特点、案例需求等因素，拟采用深圳市街道行政区划作为此类房屋的评估集合。根据深圳市行政区划，深圳市共有 74 个街道，因此，商业办公类未登记房屋的评估集合共计 74 个。

2. 比价关系构建

（1）比价关系影响因素

商业办公类未登记房有其自身特点，在区域因素方面对区域繁华度以及交通条件要求较高，同时要求具有相应配套设施。因此，选取区域因素和个别因素作为该类房屋比价关系构建的影响因素。其中，区域因素包括交通便捷度和商业繁华度；个别因素包括建筑规模、建筑年代、建筑结构以及层高等因素。详见表 7.5.1。

表 7.5.1　商业办公类未登记房地产比价影响因素

特征因素		指标	量化数据
区域因素	交通便捷度	公交便捷度、地铁便捷度	公交、地铁站点分布
	商业繁华度	区域商业氛围、商业繁华程度、距离各级商圈距离	所处商圈级别、与商圈的距离

（续表）

	特征因素	指标	量化数据
个别因素	建成年代	建成时间	建成年代
	建筑规模	建筑规模	总建筑面积
	建筑结构	建筑结构	钢结构、钢混、砖混结构等
	电梯配备	有无电梯	是否配备电梯
	层高	楼层高度	楼层高度

（2）因素量化标准

①区域因素

A. 交通便捷度

交通条件反映了该片区的公共交通完善程度，表现为出行时间的长短，出行成本的高低，出行方便程度，可采用的不同交通方式等。交通条件的优劣直接影响商业类、办公类房地产价值的高低。因此，通过考虑地铁有无、公交线路多少来考量交通条件。

a. 公交（见表 7.5.2）

表 7.5.2　公交条件打分表

判定条件	等级	分值
距离≤ 300 米，公交线路≥ 10	好	+2
距离≤ 300 米，6 ≤公交线路 <10	较好	+1
距离≤ 300 米，3 ≤公交线路 <6	一般	0
距离≤ 300 米，1 ≤公交线路 <3	较差	−1
不符合上述情况	差	−2

b. 地铁（见表 7.5.3）

表 7.5.3　地铁条件打分表

判定条件	等级	分值
距离≤ 300 米，地铁出入口≥ 1	好	+4
300 米 < 距离≤ 500 米，地铁出入口≥ 1	较好	+2
500 米 < 距离≤ 800 米，地铁出入口≥ 1	一般	0
不符合上述情况	差	−2

B. 商业繁华度

根据估价对象所在区域商业氛围、商业繁华程度、距离各级商圈距离等，分为繁华、较繁华、一般、较差和差五个等级（见表 7.5.4）。

表 7.5.4　区域繁华度打分表

判定条件	等级	分值
距离≤ 300 米，商场≥ 1	较繁华	2
300 米＜距离≤ 500 米，商场≥ 1	较繁华	1
500 米＜距离≤ 800 米，商场≥ 1	一般	0
800 米距离≤ 1000 米，商场≥ 1	较差	−1
不符合上述情况	差	−2

②个别因素

A. 建成年代

建成年代是影响房地产价值的重要指标之一。建成年代直接反映出建筑物新旧程度。根据深圳市未登记房地产的建成时间，将其划分为了五个等级，距今 10 ～ 15 年的不作修正。建成时间每增加或减少 5 年，分数向上或向下修正 1（见表 7.5.5）。

表 7.5.5　建成年代打分表

判定条件	等级	分值
距今建成时间≤ 5 年	新	+2
5 年＜距今建成时间≤ 10 年	较新	+1
10 年＜距今建成时间≤ 15 年	一般	0
15 年＜距今建成时间≤ 20 年	较旧	−1
距今建成时间 >20 年	旧	−2

B. 建筑规模（仅限办公，商业暂不考虑该因素，见表 7.5.6）

表 7.5.6　建筑规模打分表

判定条件	等级	分值
建筑面积≥ 50000 平方米	好	+2
10000 平方米≤建筑面积 <50000 平方米	较好	+1
5000 平方米≤建筑面积 <10000 平方米	一般	0
1000 平方米≤建筑面积 <5000 平方米	较差	−1
建筑面积 <1000 平方米	一般	−2

C. 电梯配备

是否配备电梯是衡量楼盘品质的另一个重要指标（见表 7.5.7）。

表 7.5.7 电梯配备打分表

判定条件	等级	分值
配备电梯	有	+2
不配备电梯	无	0

D. 建筑结构

对于商业类、办公类房地产而言，建筑结构也是影响价格的重要因素。根据不同的建筑结构进行打分（见表 7.5.8）。

表 7.5.8 建筑结构打分表

判定条件	分值
钢结构	+2
框架结构、框剪结构、筒体结构	+1
混合结构	0
砖瓦结构及其他	−1

E. 层高（仅限办公，商业暂不来考虑，见表 7.5.9）

表 7.5.9 建筑层高打分表

判定条件	分值
层高≥ 3.5 米	2
层高 <3.5 米	0

3. 标准楼栋价格评估

市场上商业类、办公类未登记房屋大多以整栋、整层或整层分割等形式进行租赁，租赁市场较为活跃，可以从市场上获取其租金等收益数据。因此，该类房屋的标准楼栋价格可通过收益法进行评估。同时，由于其土地使用权没有法定年限，因此采用收益年限为无限年期的收益法公式：房地产价格 = 年净收益 / 报酬率进行计算。报酬率采用市场提取法进行测算。

因此，标准楼栋评估具体步骤包括交易案例收集筛选、可比案例的选取、可比案例因素修正以及比准价格求取。下面分别予以详细说明。

（1）案例收集筛选

本次评估原则上需收集估价时点一年内的商业类、办公类未登记房地产交易租赁数据，如果未登记房地产交易租赁案例数量少，可将案例收集的时间稍稍扩大。商业类、办公类的交易案例稀少，租赁案例相对较多，特点和工业类未登记房地产类似，也存在整体案例少、交易不频繁等特点，同样是价格相对稳定，但又会因物业自身特殊性造成相邻物业租金价格存在较大差异的情况。

①租金案例收集

商业类、办公类租赁市场相对较为活跃，市场租金案例收集易于交易数据收集。主要的方式包括收集传单、电话咨询、实地调查、网络查询等，在获取租金信息的同时，还要收集案例的位置信息、楼栋状况、出租运营状况、周边配套等信息。

②交易案例收集

商业办公类房屋以租赁市场为主，加上交易的隐蔽性，因此交易数据获取难度很大。交易数据主要通过实地走访、电话咨询等方式获取。该数据的获取主要是为了满足报酬率的测算。

③数据筛选

案例收集的同时，需要对收集的案例进行属性整合和标准化处理。具体包括实时补充缺失信息、核实不相符合的面积用途等。同时，估价师依据自身经验，并结合个案评估数据与挂牌数据，在地理信息平台上进行作业，对被筛选出的每条案例进行判定，确定其是否为真实可靠的案例，经过筛选后合格的案例数据纳入未登记房地产评估数据库用于后续评估，不合格案例则直接剔除。

（2）标准楼栋评估

选择能代表集合内各项因素及价格平均水平的楼栋为标准楼栋。标准楼栋的价格采用收益法进行评估。

①求取年有效毛收入

首先，调查客观租金水平，根据充分的市场调查及收集相关资料、信息，确定待估对象周边区域的类似商业、办公单位平均租金水平，并结合待估对象自身的状况，确定合理的租金标准。

其次，对片区平均空置率及租金损失进行调查。

最后，潜在毛收入扣除空置率及租金损失后，得到有效毛收入。

②求取年运营费用

运营费用包括维持房地产正常使用或营业的必要支出。出租人应承担的运营费用一般包括营业税、房产税、教育附加费、城市建设维护税、印花税、土地使用税、维修费、保险费、管理费等。

③求取年净收益

年净收益为有效毛收入扣除运营费用后的余值。

④测算报酬率

A. 市场提取法测算报酬率

根据未登记房地产的特点，采取市场提取法求取报酬率，即通过市场上近期交易的与估价对象收益流模式（包括净收益的变化、收益期限的长短）等相同的未登记房地产样本楼栋的售价及净收益求取。

$$报酬率=\frac{1}{n}\sum(样本楼栋净收益/样本房售价)$$

B. 查阅无风险报酬率进行校正

无风险报酬率即安全利率，一般选用同一时期一年定期存款年利率或国债年利率。目前，一年期定期存款利率为1.75%；三年期国债年利率为3.9%；五年期国债年利率为4.17%。无风险报酬率是累加法求取报酬率的基础，对其进行风险调整即可测算报酬率。

C. 查阅中心个案评估中各类用途还原率以作参考（见表7.5.10）。

表7.5.10　中心个案评估中各类用途还原率

	住宅	办公	商业	工业
土地	5%	5.5%	6%	5%
房屋	6%	6.5%	7%	6%

通过计算净收益与售价的比值，参考无风险报酬率与个案评估中最高的商业报酬率，确定商业、办公类未登记房地产报酬率为5.61%。

⑤求取标准楼栋的价格

根据公式：房地产价值 = 年净收益 / 报酬率，求取标准楼栋的评估价格。

4. 批量评估

最后，以标准楼栋评估结果为基础，运用前述所构建的比价关系，即可一次性求出集合内所有待估商业办公类未登记房地产的评估价格。

（二）在国有土地上的商业办公类未登记房屋的评估

在国有土地上商业办公类未登记房屋栋数为 0.59 万栋，建筑面积为 5144 万平方米。这部分房地产采用房地分估的方式进行评估，即建筑物重新购建价格加上市场地价得到房地产评估价值。建筑物重新购建价格评估采用基于成本法的批量评估方法进行。市场地价按照深圳市发布的标定地价进行核算。

六、公共配套类未登记房屋价格评估

深圳市公共配套类未登记房屋栋数为 2.74 万栋，建筑面积为 4895 万平方米，分别占全市未登记房地产总量的 5.7%、7.2%，数量较少。此类房屋不发生交易，根据生产费用价值论的原理，其采用基于成本法的批量评估方法进行评估。具体根据“房地产评估价格 = 房屋重置价格 + 市场地价”计算。其中，市场地价按照《深圳市人民政府办公厅关于印发深圳市地价测算规则的通知》（深府办规〔2019〕9 号）相关规定执行。房屋建安成本根据《深圳市建筑工程消耗量标准》（2003）、《2006 年深圳市建设工程技术指标》、《深圳市安装工程消耗量标准》（2003）、《深圳市市政工程综合价格》（2002）、《深圳市园林建筑绿化工程综合价格》（2000）、《深圳市建筑装饰工程消耗量标准》（2003）等对建筑物重置价格进行测算，并按照估价时点的当期指数对成本进行时间修正。建筑物重置价格取值表如表 7.6.1 所示。

表 7.6.1　建筑物重置价格取值表

<table>
<tr><th>序号</th><th>项目</th><th colspan="2">住宅（层）</th><th colspan="2">办公（层）</th><th colspan="2">综合楼
（公共建筑）</th><th>教学楼</th><th>厂房</th></tr>
<tr><td rowspan="4">（1）</td><td rowspan="4">土建</td><td>≤ 6</td><td>1065 中
950 ～ 1180</td><td>≤ 6</td><td>1000 中
880 ～
1120</td><td>≤ 6</td><td>1100 中
960 ～
1240</td><td rowspan="4">1165 中
1020 ～
1310</td><td rowspan="4">965 中
860 ～
1070</td></tr>
<tr><td>7 ～ 14</td><td>1220 中
1070 ～
1370</td><td>7 ～ 14</td><td>1365 中
1220 ～
1510</td><td>7 ～ 14</td><td>1200 中
1040 ～
1360</td></tr>
<tr><td>15 ～ 24</td><td>1405 中
1250 ～
1560</td><td>15 ～
24</td><td>1500 中
1360 ～
1640</td><td>15 ～
24</td><td>1500 中
1320 ～
1680</td></tr>
<tr><td>25 ～ 34</td><td>1705 中
1530 ～
1880</td><td>25 ～
34</td><td>1775 中
1590 ～
1960</td><td>25 ～
34</td><td>1750 中
1590 ～
1910</td></tr>
</table>

（续表）

序号	项目	住宅（层）	办公（层）	综合楼（公共建筑）	教学楼	厂房
（2）	给排水	多层 45 中 40 ～ 50；低密 50；高层 56 中 51 ～ 61	多层 30.2 中 25.5 ～ 35；高层 39.2 中 34.5 ～ 44	多层 27.8 中 25 ～ 30.5；高层 61.8 中 57.5 ～ 66	—	10.5 中 8 ～ 13.5
（3）	强电	多层 110；低密 110；高层 140	多层 160；高层 200	多层 160；高层 200	120	150
（4）	弱电	74	74	74	74	43
（5）	消防	多层 21.5 中 19 ～ 24；低密 21.5；高层 56.5 中 50 ～ 63	多层 135 中 120 ～ 150；高层 155 中 135 ～ 175	—	—	—
（6）	燃气	25 中 20 ～ 30	—（商务公寓 30）	—	—	—
（7）	地下室车库	按地下建筑面积单价 2050 中 1600 ～ 2500（设备、土方另计），低密单价 2500。（2009 年 3 月 27 日技术委员会修改）				
		以上汇总结果（覆盖全部建筑面积）。				
（8）	电梯工程	130 中 120 ～ 140（≥ 8 层）	162.5 中 140 ～ 185	162.5 中 140 ～ 185	—	60 中 45 ～ 75
（9）	空调工程	视情形	277.5 中 230 ～ 325	视情形	视情形	视情形
（10）	室外配套	低密 140 中；其他 120 中 100 ～ 140	140	140	140	84 中 75 ～ 93
（11）	其他工程	估价人员视情形确定。				
（12）	玻璃幕墙	一般取明框标准，按建筑面积的 1/3 分摊，其他视情形。				
（13）	室内装饰	有规定的按规定。住宅公共分摊 50；（政策性住房全部装修 255 中 185 ～ 325，其他视情形或根据项目要求）。低密、办公、商业公共分摊 175 中 150 ～ 200；（其他视情形或根据项目要求）。				
		（以上视具体情形单独计算）——分摊单价汇总结果（分摊后，才覆盖全部面积）。				
		（1+2）× 深圳市工程造价指数 × 全部建筑面积 = 项目建筑成本现值。				
		其中，电梯、空调、幕墙已修正到 2006 年的价格水平，最终（1 项 +2 项）进行估价时点的指数修正。其他视情形确定的项目应考虑时点修正到 2006 年的价格水平。				

（——**基期：2006 年度**——）

备注一：

1. 土建，根据《2006 年深圳市建设工程技术经济指标》综合单价，按总建筑面积平均造价；

2. 给排水，《2006 年经济指标》单价，办公若考虑洁具费用可增加单价 37.5 中 25 ～ 50 ；

3. 强电，《2006 年经济指标》单价，商场 165，室外另计；

4. 弱电，包含网络、对讲保安监控、有线、水表气表、电话系统，《2006 年经济指标》单价；

5.《2006 年经济指标》单价，不含室外配套消防；

6. 燃气，《2006 年经济指标》，每户 1700 ～ 2000 元；

7. 电梯，《2007 年深圳市房地产年鉴》费用增加值；

8. 空调，《2007 年深圳市房地产年鉴》费用增加值，8000 ～ 11000 元 / 冷吨；

9. 室外配套，住宅小区基建费、非营业配套设施费，不含商业用房及地下停车场的建安费；

10. 玻璃幕墙，《2007 年深圳市房地产年鉴》费用增加值，明框 625 中 450 ～ 800 元 / 平方米，隐框 1100 中 900 ～ 1300 元 / 平方米；

11. 室内装饰，主体内的公共部分；

12. 其他工程，指住宅小区内入户前泵房给排水工程、电气、强弱电工程、室外配套的消防工程、室外燃气管道配套工程，环保节能等工程发生的费用。

备注二：一般情况下取中值，取其他值时须说明。

备注三：无具体取值的，由估价人员酌情取值，内部讨论确定或上会审议。

备注四：实际遇见其他特殊情形，则部门协商、提交技术会议专门审议。

（一）在原集体土地上的公共配套类未登记房屋的评估

市场地价按照《深圳市人民政府办公厅关于印发深圳市地价测算规则的通知》（深府办规〔2019〕9 号）相关规定执行，取工业市场地价的 0.3 倍。由于原集体土地无法确定土地使用期限，因此，不进行年期修正。

由于大部分此类建筑的设计简单、成本低廉、建设周期短，建设施工不规范，建安成本取低值，且暂不考虑专业费用、管理费、投资利息、利润等其他费用。

此类建筑一般没有规划批准或建设批准文件，竣工时间无法准确确定，因此暂不考虑建筑物的折旧。

（二）在国有土地上的公共配套类未登记房屋的评估

市场地价根据《深圳市人民政府办公厅关于印发深圳市地价测算规则的通知》（深府办规〔2019〕9号）相关规定执行，取工业市场地价的0.3倍，并根据法定剩余年限进行年期修正。房屋重置价格中的各项建安成本取中值。

七、其他未登记房屋价格评估

其他未登记房屋是指，在建筑物普查数据中定义为“多种用途”的房屋以及未备注用途的房屋。其中，“多种用途”是指商业、居住、办公混合于同一楼栋中的建筑。这类建筑共计1.85万栋，建筑面积4300万平方米。由于暂时无法获取其中每种用途的面积分布，因此，本轮评估将居住、商业办公各街道的面积加权均价作为此类建筑的街道栋均价。

八、评估结果分析与检验

为了保证评估结果的公平性和可靠性，评估方法和模型必须能够给出准确、公平一致的房地产价值，而用于评价整体评估结果准确和公平情况的首要方法就是比率分析。

比率分析是用统计学指标，对一组房地产的评估价值与市场价值的比率进行分析。市场价值是房地产在公开竞争市场上最可能达成的价格，前提假设是交易双方知晓详情，且有充分的时间进行交易，价格不受特殊因素影响。在比率分析中，市场价值通常是用实际成交价格来表示的。实际价格需要考虑成交时间、非典型融资、销售中包括的个人财产及其他因素，然后进行调整。不能代表公开市场的交易案例不可以用于比率分析。

单独的专家评估结果，也可以用来表示比率分析中的市场价值，特别在有效的销售数据不足或者房地产的价值不是基于市场价值标准评估的情况下。比如，在某些区域规定农地是基于产量或者使用用途来评估，而不是基于市场价值。此类房地产的比率分析设计要基于单独评估的价值来体现实际使用用途的要求。

特别是对于那些很容易获得销售案例的房地产，基于销售价格的比率分析是优先考虑的，因为这种方法非常经济、客观。在作比率分析时，运用IAAO（国际估价官协会）的比率分析标准。

（一）比率分析

一般来说，比率分析包含以下七个步骤：

1. 明确开展的目的、范围

在任何比率分析中，第一步需要给出实施比率分析的原因，这是最为关键的一步，即明确具体的比率分析目标、范围、内容、深度和所要求的灵活性。

对评估机构和评估人员而言，要根据工作需要，确定比率分析的目的是检验评估技术标准的准确性、评估结果的公平性及一致性，还是判定是否要实施重新评估。对争议处理机构而言，主要是通过比率分析判断争议案例的评估结果公平性情况，从而促进矛盾的解决。

2. 方案设计

在设计比率分析方案时，评估师必须提前考虑能够取得市场交易案例的数量，以及是否有可靠的数据来源。虽然无法保证所有的交易数据都绝对准确及其来源可靠，但为了在最大限度上提高检验结果的可靠性，一切合理的、符合成本效益的措施都可采取。因此，评估师应该考虑以下因素：比率分析中包括的物业的类别或组别；选择用于比率分析的物业具有的比较重要的法定、物理和经济方面的特征；可获得数据的数量与质量；用于检验的评估结果和销售数据的销售日期；可获得的资源，包括工作人员和专家的数量、计算机硬件和软件应用情况以及其他限制情况等。

3. 房地产分组或分类

分组就是把所有物业按照比率分析的范围分成两个或更多的组别或类别。分组能够使得评估实施更为完全和详细，同时能够提高样本的代表性。具有特定评估水平的每类房地产可以组成一个组；其他房地产组别，像区域、楼龄和规模范围，也可以构成其他组别。

当比率分析的目的是评价评估质量时，分组的灵活性是非常必要的。通常的分组目标是区分评估水平太低的或者是缺乏评估一致性的区域和可能要求进行重新评估的物业类别。在这种情况下，不能仅限于根据一种特性进行分组。

分组可以帮助区分在不同组别之间评估水平的差异性。在一个很大的辖区内，住宅物业按照地理区域分组是合理的；而商业物业分组不仅要考虑区域，也要考虑物业划分的细类（如办公、零售、厂房或者是工业），这样会更为有效。

4. 市场数据收集与准备

比率分析的可靠性在一定程度上依赖于反映市场价值的销售数据的质量。审核销售数据的基本原则是最优化样本大小，与此同时，还要剔除不能有效反映市场价值的数据，一个小于5个销售样本的比率分析其可靠性是非常差的，并且毫无用处。

由于开展比率分析需要比较一组或几组房地产的评估值与市场交易值的比率情况，因此要采集用于比率分析的房地产市场交易数据或个案评估数据。市场数据不能拿来即用，需要筛选、编辑，同时售价还应当根据房地产的交易情况、交易时间及个别因素的变化情况等进行必要的调整。此外，对参与比率分析的同一宗房地产，如果在给定的时间范围内发生多次交易，存在多个交易价格的，一般仅使用与评估时点最接近的交易价格。

5. 数据匹配

用于比率分析的房地产物理和法定属性特征必须与销售时相同，这包括两个重要的步骤：第一，评估师必须查明房地产特征描述是否相互匹配，如果一宗房地产在估价日期和销售日期之间被分割，分割过的任何一宗房地产都不能用于比率分析；第二，评估师必须确定房地产权利性质是否发生变化，房地产在估价时点的用途和物理属性是否与销售时保持一致，如果在最近一次评估中房地产物理属性发生变化，在纳入比率分析之前必须作相应的调整；如果物业属性存在明显差异，这些案例就要剔除，不能用于比率分析。

当法定限制被用于评估方法时，评估结果可能会低于市场价值，在这种情况下，比率分析就不能提供有效的质量信息。法定限制一般应用于农地、补贴房屋、矿地和林地的评估中。

市场销售数据可能包括某类物业而不是比率分析所需的那一类型，而且所包括的次要类型物业即使调整后也不具有代表性。比如，一个含住宅主要是商业的房地产，这个案例可以用于商业类别的代表样本。这种情况下，比率的分子是包括住宅和商业两部分的合计评估价值。另一个例子，对空地作比率分析，比率的分子应该只反映土地的评估价值，如果居民在评估时点之后对房地产实施了改造或扩建等，必须在售价中将相应部分剔除或调整，否则会引起比率分析结果错误。

6. 利用有关统计指标实施统计

在比率分析中每宗房地产计算出评估比率之后，针对整个辖区和每个组别的房地产要进行评估水平、一致性和可靠性检验，针对样本也可以进行数据探索性分析以揭示数据的特征。

如前所述，在利用比率分析作为工具对估价结果的准确性实施检验时，检验的内容包括估价水平、估价结果一致性。

通常来说，估价水平的检验指标有 3 个，分别为比率中位数、比率平均数、加权比率平均数。估价结果一致性检验指标有 6 个，分别为极差、四分位差、离散系数、标准差、变异系数、价格相关差（垂直公平性检验指标）。

7. 评价及应用比率分析结果

设计合理的比率分析是分析评估质量、评估 CAMA 系统模型和建议改善策略的强大工具，同时也能发现评估系统的缺点。一个意外的分析结果可能意味着需要重新构建评估模型或者是重新评价评估所用数据。不过，比率分析的使用者应该认识到这一分析工具的内在局限性，如下所述：

比率检验不能提供关于评估质量的完美评价，缺乏足够的销售数据或某个区域、某个类型物业的样本代表超额，都可能导致结果出现扭曲；

比率分析的有效性要求已销售和未销售的房地产以相同的水平、相同的方式被评估，违反了这个条件就会严重影响比率分析的有效性；

比率分析结果应用范围应与其设计的预期用途相一致；

比率分析数据易受统计样本误差和其他实施过程误差的影响，但是这些限制并不会使得据此作出的决策无效。

如前面比率分析应用范围所述，不同主体或工作环节开展比率分析的目的可能不同，实际工作中，比率分析的结果对数据采集人员、评估人员、评估管理机构及争议处理机构都有帮助。一般来说，上述人员和机构也没有必要都开展比率分析，由评估人员或评估管理机构实施比率分析后，对发现的问题分类交由不同环节或担负不同职责的人员解决。

（二）检验结果

比率分析的目的是检验整体评估技术标准的准确性，评估结果的公平性、一致性及可靠性。深圳市未登记房地产市场交易案例数据通过调查获得，数据的收集及入库均遵循严格的质量、安全管理标准，最大限度地保证数据的准确性和可靠性，基本可以满足比率分析的要求。

此次评估工作用于检验的评估结果及进行比率分析的物业类别均为住宅，用于检验的评估结果的评估日期与市场成交案例的销售日期一致。

市场交易数据涉及的信息主要是房屋交易相关的数据，比如面积、单价、楼层、地址、户型、房屋性质、楼龄、交易时间等。经过严格的审核程序，剔除明显的异常价格数据，以及不能有效反映市场价值的数据，以确保比率分析的可靠性。

按照评估行业标准，采用比率中位数（Median Ration）、价格相关差（PRD）、离散系数（COD）检验评估结果。行业要求三个统计量在标准范围（±10%）内才算合格。比率中位数的计算公式：

$$M_e=\begin{cases}R_{(\frac{n+1}{2})}, & n\text{ 为奇数}\\ \frac{1}{2}\left\{R_{(\frac{n}{2})}+R_{(\frac{n+1}{2})}\right\}, & n\text{ 为偶数}\end{cases}$$

计算得出评估值比率 $M_{e1}=1$，评估结果符合标准。

价格相关差的计算公式：

$$PRD=\frac{\overline{R}}{\overline{A}/\overline{S}}$$

式中：$\bar{R}$——比率平均数；

$\bar{A}/\bar{S}$——加权比率平均数。

计算得出 $\bar{R}$ =1.010698，$\bar{A}$ =8607，$\bar{S}$ =8668，*PRD*=1.003585，评估结果符合标准。

离散系数的计算公式：

$$COD=\frac{AAD}{M_e}\times 100$$

式中：$AAD=\frac{\sum\left|R_i-M_e\right|}{n}$；

ADD——平均绝对离差；

M_e——比率中位数。

计算可得，*AAD*=0.039989，*COD*=4.0，评估结果符合标准。

图 7.8.1 为离散度统计直方图，从图中可以看出，评估价与市场交易价的偏差在 -10% 到 10% 之间，满足评估标准。

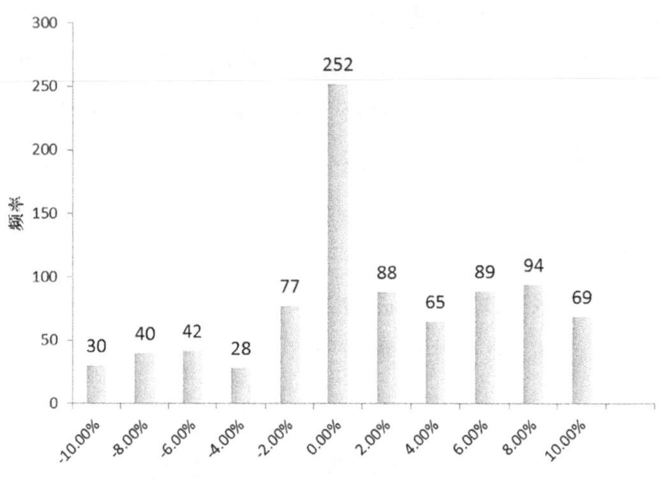

图 7.8.1　离散度统计直方图

按照 IAAO 给出的相关程序与标准，对深圳市未登记房地产试点片区的评估结果开展了比率分析检验。检验内容主要是评估结果的可靠性、估价水平、一致性和垂直公平性，对深圳市未登记房地产整体评估工作给出了客观评价，对今后工作的进一步完善提高具有重要的指导意义。

第八章　未登记房地产批量评估信息平台构建

未登记房地产批量评估存在数据量大、影响因素众多、价格关系复杂等情况，传统的手工作坊式评估完全不能适用，采用基于地理信息系统的辅助评估方法可以操作，但是评估过程在自动化、智能化等方面明显不足。因此，开展未登记房地产批量评估信息平台建设非常必要，信息平台构建要以支撑未登记房地产批量评估工作为目标，综合运用现代计算机处理技术、地理信息系统技术、人工智能等技术进行多技术融合的整体设计和开发，建立支撑未登记房地产批量评估工作的信息化操作平台，实现未登记房地产批量估价的智能化、规范化、高效化和精准化。

一、系统概述

（一）平台需求分析

基于未登记房地产批量评估各个环节的需求，信息平台主要包括数据需求、功能需求、信息表达需求和安全需求。

1. 数据需求

未登记房地产批量评估需要大量数据支撑，主要包括房地产特征数据、价格数据、空间数据、规划数据、人口数据、安全数据、配套数据以及其他评估所需数据等。信息平台需对上述数据进行数据管理、调取、更新和维护等。数据清洗、整理等主要在前文的“数据库建设”中体现。

2. 功能需求

信息平台的核心功能是实现未登记房地产批量评估全流程的可视化智能评估，提升价值评估的准确率和精确度。平台的功能需包括数据查询统计、批量评估、结果检验与复核、数据管理以及系统管理。

3. 信息表达需求

信息表达需求包括数据信息的查询、发布、展示等功能，实现空间信息可视化。信息平台需借助 GIS 技术的二维或三维地图显示和分析功能，实现“文字 - 地图”间灵活多样地相互切换显示，直观、清晰地展示房地产空间特性。

4. 安全需求

安全需求主要包括两个方面：一是数据的安全性，未登记房地产批量评估所涉及的数据具有敏感性或涉密性质，平台要确保数据不被随意修改或盗取；二是操作安全性，要充分考虑系统安全性，系统管理者需要对不同操作者设置应用或管理权限，避免出现误操作等导致系统安全问题。

综合信息平台的需求，其功能应包括以下八个模块：

（1）基于 GIS 的空间分析模块：贯穿整个系统各个功能模块，主要实现各类空间数据的叠加分析、缓冲区分析、交集表运算、空间统计、空间计算等功能。

（2）评估集合划分模块：以未登记房地产分类为基础，按照每一网格内楼栋数和面积为量化标准，对街道、标准分区、基础网格等网格进行空间定位，切分、统计、数量解析，结合规划、路网等数据，实现对各类型未登记房地产同质集合划分。

（3）比价关系模块：构建比价因素量化修正体系，自动实现建筑物实物属性综合量化，结合 GIS 的空间分析模块，实现对未登记房地产空间属性因素的综合分析量化，综合计算各层级比价关系数值。

（4）案例管理模块：实现案例数据入库、编辑、综合管理、价格分析等功能。

（5）标准房（楼栋）评估模块：构建可比案例市场状况、房地产状况调整指数，比价关系模块、案例管理模块交互运行，批量计算各集合标准房（楼栋）价格。

（6）比准价格计算模块：以集合为基础，根据比价数值、标准房价格，实现比准价格批量测算。

（7）结果检验模块：抽样对比准价格与市场案例进行比率计算。

（8）争议处理模块：设计评估争议处理模块，对有争议评估结果进行分层级反馈处理。

（二）平台构建目标

信息平台构建的目标是以批量评估法为模型，遵循房地产估价、批量评估等行业技术规范及准则，结合未登记房地产特性，采用地理信息技术、计算机处理技术以及人工智能技术，建立支撑未登记房地产整体评估工作的智能化操作平台，实现未登记房地产批量评估的精准化、高效化和智能化。因此，未登记房地产信息平台的建设要实现以下两个目标：

一是信息平台要实现未登记房地产批量评估全流程的可视化智能评估。估价人员可利用该平台完成对住宅类、工业类、商业办公类以及公共配套类未登记房地产的批量评估。

二是信息平台要集信息的管理、分析、储存和发布于一体。平台要能够对未登记房地产信息进行有机组织和管理，提供丰富的展示效果。用户可通过信息平台查询与未登记房地产有关的各类信息，并通过文字、图表、图形等形式展现。

（三）系统架构设计

1. 总体架构图

总体架构分为四层，分别是应用层、业务层、数据层和支持层。如图 8.1.1 所示。

应用层分为内部用户和外部用户（预设），内部用户包括数据支持人员、评估人员、复核人员等，外部用户包括房地产管理部门、税务部门等。

业务层分对内服务和对外服务，对内主要提供查询服务、估价服务和数据管理，对外主要提供数据接口（预留功能）。

数据层主要分为地理空间数据、房地产特征数据、收益和费用数据、房地产价格数据、外业调查采集的案例数据，这些数据组成评估所需的基础数据库，通过安全控制系统控制数据的访问。

支持层包括硬件支持和软件支持。

系统总体架构图

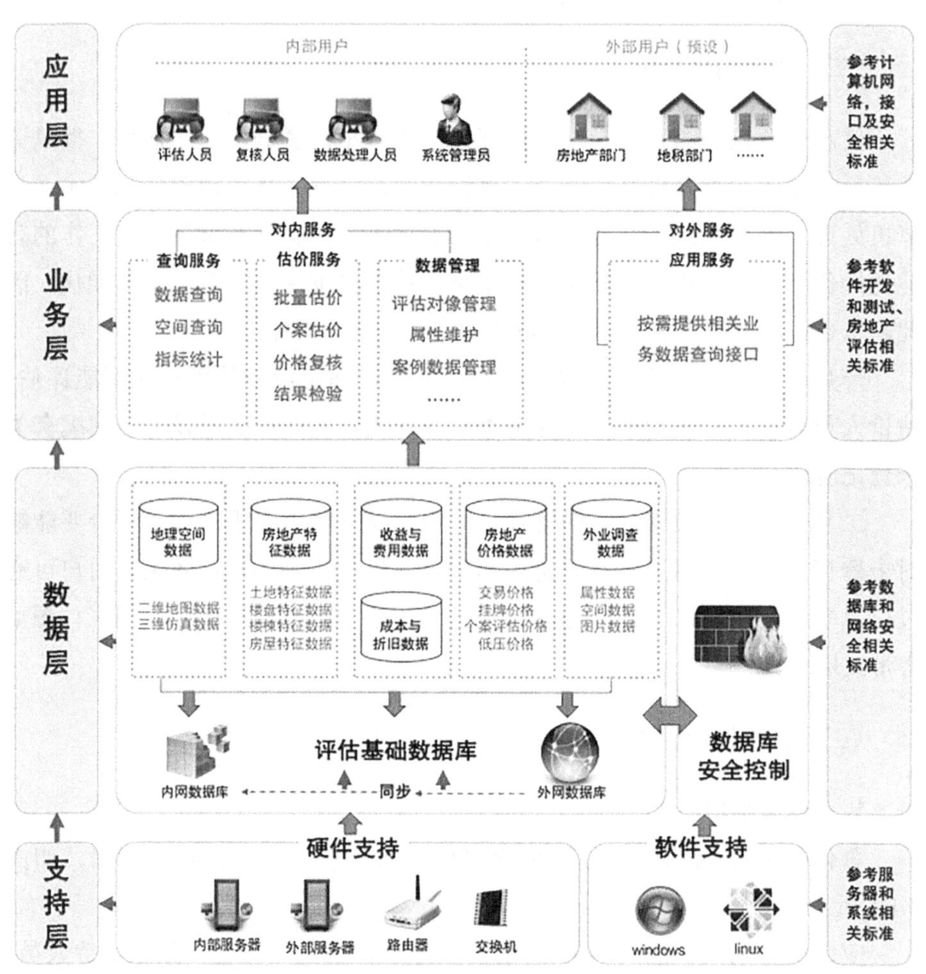

图 8.1.1　信息平台总体架构图

2. 技术架构图

系统的整体技术结构基于 BS 架构，客户端主要通过浏览器访问，使用了 jsp、arcgis、skyline（三维）、css 和 javascript 技术。如图 8.1.2 所示。

业务层主要是指后台，主要用 java 语言开发 j2ee 结构开发，用到的框架主是 spring mvc 服务器系统可以是 windows、linux，服务用的是 tomcat; 同时也用到了二维 arcgis 服务和三维 skyline 服务。数据层主要是用的 mybetis 持久层技术，集合 oracle 和 ArcSDE 进行数据交互。

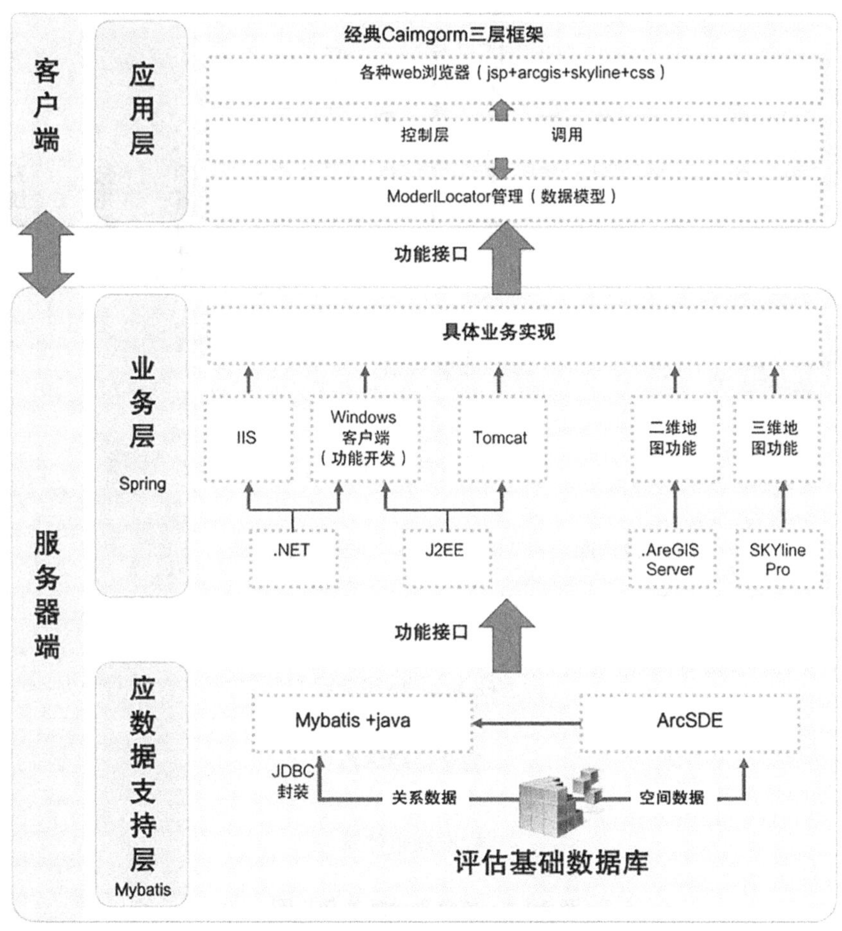

图 8.1.2　信息平台技术架构图

3. 功能架构图

系统的功能结构设计主要是响应需求设计，实现从基础数据准备开始，到数据查询统计、批量评估、个案复核评估、数据管理、系统管理的各项功能。如图 8.1.3 所示。

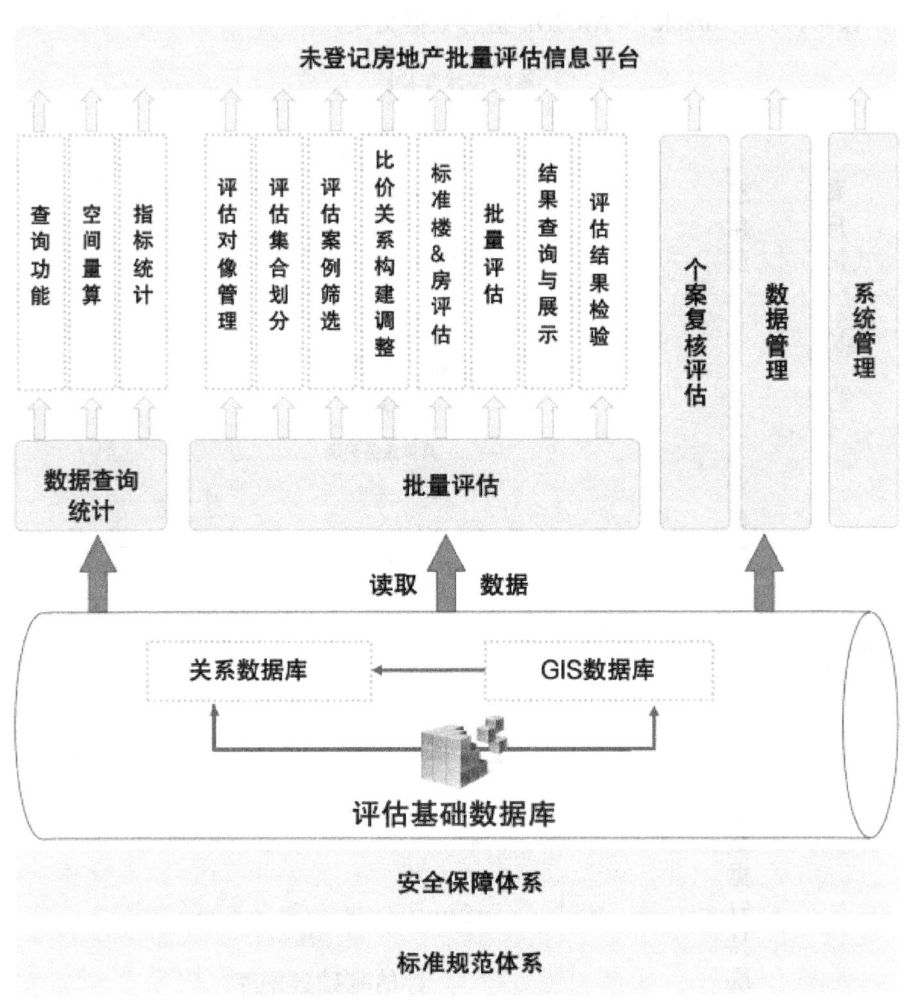

图 8.1.3　信息平台功能架构图

二、信息平台主要功能

信息平台主要功能是在未登记房地产数据库支持下，利用信息技术实现未登记房地产整体估价全流程的可视化智能评估。因此，以未登记房地产整体估价工作为核心，可将主要功能分为五个部分，分别是数据查询统计、批量评估、结果检验与复核、数据管理以及系统管理。其中，批量评估是整个平台的核心。

（一）数据查询统计

1. 需实现的功能

（1）查询功能

数据查询可基于电子地图进行，也可进行非空间信息的属性查询。通过定位查询、点选查询等方式，实现土地、建筑物、价格、交通、人口、配套、安全、规划等相关数据的查询功能。

定位查询：

①关键字定位查询。通过输入关键字进行精确或模糊查询。输入关键字包括土地位置、物业名称、楼盘（楼栋）名称、集合编号、楼盘编号、产权号、查违编号、宗地号、产权当事人等。

②坐标定位查询。通过输入土地（建筑物）坐标进行精确定位查询。

③条件筛选查询。通过设置建筑物用途类型、估价时点、交易价格范围、交易时间范围、缓冲距离等进行查询。通过此类查询，可获取一定范围内符合条件的房地产案例、待估对象周边的配套设施分布等。

点选查询：

在电子地图上选择加载所需数据图层，如遥感数据、建筑物普查数据、法定图则数据、行政区划数据、各种专项规划数据、价格信息数据等，当鼠标指向具体对象时，所指对象的已加载相关信息以列表形式显示。

（2）空间量算

直接在电子地图上进行指定对象的距离、周长、面积等的量算统计。

（3）指标统计

通过选择统计对象、统计方式、统计范围、统计内容等，系统可完成对某一指定范围或时段的指定对象的数量、面积、价格（均价、最大最小值、走势）等指标的统计。

2. 结果显示与导出

查询结果在电子地图上以列表等形式显示，统计结果通过图表和图形的方式显示。同时，结果可通过 EXCEL、WORD 等可编辑的形式导出。

（二）批量评估

1. 需实现的功能

作为信息平台的核心功能，批量评估须实现未登记房地产整体估价全流程的可视化智能评估。它包括以下几项具体功能：

（1）评估集合划分

在电子地图上加载基础网格，结合法定图则、路网分布、建筑物普查等数据，对基础网格进行组合调整，即每一个基础网格均以可编辑的形式呈现。权限用户可对基础网格以道路、河流等边界进行拆分，也可以进行拖动合并，形成整体估价的评估集合，并对所有集合进行编号。

（2）比价关系构建调整

比价关系构建是批量评估平台设计重点，主要有以下几大需求设计：

不同类型的未登记房地产设定不同的比价关系调整系数，系统可根据设定对所有房地产进行自动赋值，并计算集合内所有楼栋（楼栋类所有成套房屋）的比价关系；

比价关系因素表可进行调整修改，保存后纳入“数据管理”模块中进行管理；

赋值结果可进行统计分析，可在二维、三维空间进行展示。

（3）标准楼栋（标准房）价值评估

住宅、工业、商业办公类：思路一是可引用简化版个案评估系统，分别采用市场法、收益法等进行标准楼栋（标准房）评估。所有集合内的标准楼栋（标准房）评估后，可在二维、三维地图上进行比对分析。思路二是尝试引入BP神经网络对住宅类未登记房地产价格建立评估模型。基于数据库中大量的住宅类未登记房地产样本，确定影响价格的因素并进行量化，应用神经网络模型，将样本价格的影响因素作为输入，样本价格作为输出，通过样本学习，建立网络的结构和学习参数。神经网络确定了，并已知网络的层数、每一层神经元的节点数以及各节点之间的连接权值，即可建立房价与影响因素之间的非线性关系。模型建立之后，评估时，输入标准楼栋（标准房）的价格影响因素量化值，系统自动输出待估价格。

公共配套类：根据建筑主体的总层数、建筑结构等，用户可选择或输入建筑主体、给排水、强弱电工程、消防、电梯、空调等成本，系统根据估价时点自动匹配建筑成本当期指数，并自动计算出公共配套类成本。

（4）批量评估

通过已生成的比价关系及标准楼栋（标准房）的评估价格，系统自动批量评估集合内所有待估对象的价格。

2. 结果展示及导出

结果可以列表的形式显示，并以WORD、EXCEL等形式导出；也可在二维地图上显示（楼栋价格）或在三维地图上显示（成套住宅类的房屋价格）。

（三）结果检验与复核

1. 需实现的功能

结果抽样检验：对评估结果进行抽样，并与市场价格进行对比检验，检验结果以文字、数字和图表的方式直观展示。

个案复核评估：对抽样检验结果不准确的房地产进行个案校核评估；在应用税基评估结果后，对发生的争议价格进行个案评估复核。

2. 设计要求

鉴于未登记房地产土地无年期、无法定用途、无容积率等特殊性，在应用中心征收个案评估系统进行个案评估时，用途、年期、容积率等指标需设置为非必填项；采用市场法时个别因素修正也要作相应的调整。

（四）数据管理

提供未登记房地产数据管理、更新和维护的功能，具体包括价格信息的更新维护、评估参数的更新维护、房地产属性信息的更新维护、新增估价对象信息的更新维护，以及评估政策法规、会议纪要等信息的更新维护。不同权限用户可对数据进行查看、修改、删除等操作。

（五）系统管理

该项功能包括公告管理、用户管理、日志管理、角色管理、功能管理、模块管理及动态管理等。其中，用户管理应包括用户新增、删除、管理、查看详细信息等。角色管理为每个用户分配角色，不同角色赋予不同权限，只有被授予权限的用户方可进行权限范围内的操作。

第九章　结论与展望

一、研究结论

“未登记房地产”作为“已登记房地产”延伸出来的一个概念，是基于其相对于已登记房地产的巨大差别，表象是产权登记与否的问题，根源是同时存在于市场中完全不同的两个事物，未登记房地产可能是历史遗留造成的，也可能是野蛮生长造成的，在“产权证书”这一身份文件缺失后，未登记房地产和已登记房地产走上了完全不一样的发展道路。

未登记房地产整体呈现无序状态。由于存在缺少监管和逃脱监管种种问题，未登记房地产在交易环节完全与商品房交易不一致，呈现“地下黑市”的特征；在租赁环节，虽然不少城市在管理上采用了相同的措施，但由于未登记房地产自身的缺陷，往往是“矮人一等”的存在；在同样提供居住功能时，出现了空间分异的情况，人们自动按未登记、已登记房地产进行群体选择，户籍人员、高学历人员选择居住已登记房屋，外来人员、低学历人员大部分选择居住未登记房屋；在产业使用方面，未登记房地产主要为中低端产业提供空间，但是低附加值的产业不能抵挡住房市场迅猛发展的诱惑，造成产业类未登记房地产规模在不断缩小，城市空心化问题也体现在未登记房地产方面。

未登记房地产价值评估是市场运作过程中迫切需求的。未登记房地产作为客观存在的不动产，在大量经济活动中，租赁、交易、抵押、补偿都需要价值评估；特别是未来房地产税改革试点，未登记房地产在占据了近半房地产规模的情况下，不征收房地产税是不公平的，将对整个市场造成巨大冲击，同时，通过对房地产税税制设计及价值重构，对不同类型、属性、违法程度的未登记房地产实行差别税率或税收优惠，则可以形成利益选择下的良性互动，有利于实现未登记房地产的分类治理，助推未登记房地产问题的彻底解决。

未登记房地产要适应未来大批量、高精度、低成本的评估，必然需要基于地理信息技术和批量评估方法结合的新型价格评估体系。整个未登记房地产评估体系的构建正是基于未登记房地产的市场实际状况，在方法选择上考虑到案例数据的情况选取不同的方法，在评估技术路线上考虑到“集体土地上”和“国有土地上”两类未登记房地产的巨大差别，分别采用不同的技术路线方法开展价值评估，既能真实反映市场、政策的情况，也能以最低成本、最快速度实现价值评估。

本书主要贡献有以下两点：

一是界定了未登记房地产的概念。通过对未登记房地产的主要类型、特点、市场状况等分析研究，提出了相对于商品房的未登记房地产概念。此前有不少专家学者提出过“农民房”“私房”“私宅”“小产权房”“违法建筑”“非商品房”“未登记私房”等概念，但“未登记房地产”这一概念更能从产权角度，总揽市场上众多不同于商品房、合法房产的物业，可以更好地、有针对性地进行分析研究，提出治理方案。

二是建立了未登记房地产批量评估理论与体系。与传统“手工作坊”式的个案评估不同，也和采用特征价格法等的批量评估方法不同，本书建立的未登记房地产批量评估理论与体系针对未登记房地产数据少、案例少等现状，深度运用地理信息技术，以空间信息来串联所有评估基础数据，从集合划分到确定比价关系系数，再结合批量评估方法，形成了大批量、高精度、低成本的未登记房地产评估范例，为各地开展未登记房地产评估工作提供了理论与技术参考。

二、研究局限与展望

本书的研究主要基于作者对深圳市未登记房地产的多年研究和评估实践，在工作中发现存在以下局限性：

一是未登记房地产的地域复杂性。每个城市的发展都带有自己历史的深深烙印，就北上广深四个城市来讲，广州、深圳作为改革开放的前沿阵地，未登记房地产主要是由集体和村民在发展过程中兴建的工业园区和农民房构成；北京的未登记房地产除小产权房外，机关事业单位的公房占据了重要地位；上海的城市发展较早，未登记房地产更多是由搭建、改建和未完善手续的违法建筑构成。本书主要是基于深圳市未登记房地产的情况开展研究，虽然也对其他城市的未登记房地产有所搜集，但篇幅较小，研究难免出现偏颇。

二是未登记房地产的类型太多太乱。在对深圳的未登记房地产进行类型分析时，共区分了 7 大类 32 小类的未登记房地产，但是这还不是未登记房地产的全部类型，细分下去还可以划分出更多的类别。因此，本书虽然尽力地去按类型进行分析研究，但还是无法全面分析，只能以典型的、数据多的未登记房地产为目标，试图构建出通用性好、可靠性高、简便易行的评估理论体系。

三是未登记房地产的基础数据缺失。由于大部分未登记房地产未进行建设申报、测绘查丈、登记发证工作，未登记房地产的基础信息如名称、建面、楼层、四至、户型、用途等很难获取，如果有开展建筑物普查工作相对较好，但是普查结果也主要是填报数据，在建筑面积、用途等数据方面也只是估算和记录当前使用状态，存在误差和不确定性。另外，普查结果的效力与权利证书登记的效力不同，在数据使用上缺乏权威性。这些基础数据的缺失也正是未登记房地产的难点所在，没有固定正规的收集渠道，未登记房地产基础信息就只能一直处于空白状态，因此，必须建立一套行之有效的信息采集手段与方法。

四是未登记房地产的市场案例数据缺失。未登记房地产的市场交易、租赁价格信息具有隐秘、零散、真实性难以确认等特点。未登记房地产的租赁价格信息相对容易获取，市场交易相对活跃，监管力度较小，但真实性难以确认；未登记房地产的交易价格信息呈现“地下黑市”的特点，大批量获取的可能性很小，主要依靠大量的市场调查，但同样难度很大，需要花费大量的资金和时间成本。在本书的实证研究阶段就存在案例数据不够的情况，给价值评估带来了难度。

从未登记房地产的现状研究和价值评估实践来看，未登记房地产的治理和价值评估未来将是房地产市场的焦点之一，因此，提出进一步研究展望：

一是开展未登记房地产的确权研究。未登记房地产的确权是一个重要且敏感的问题，绕不开土地增值收益分配、社会公平性、违法与合法的坎，但是确权又是未登记房地产治理的必经之路，也是开展房地产税改革试点首先要完成的工作，因为税制政策首先要确定的就是纳税对象、纳税主体的问题。因此，开展未登记房地产的确权研究，降低“确权”的等级，以“备案”“确认”等方式来“确权”未登记房地产或许是一条可行之路。

二是完善未登记房地产评估信息平台。未登记房地产评估需要大量的基础数据、案例数据、权重系数等，营造良好的信息共享局面，将零散在各个部门、各个单位的数据整合起来，加强数据的标准化工作，为未来更深层次的利用打下基础。

三是运用新技术、新理论优化评估技术。神经网络、大数据、人工智能、ChatGPT 等新技术层出不穷，未登记房地产评估工作简单来说是一个数据运算的过程，加强新的信息技术、新的评估理论研究实践，优化升级未登记房地产价值评估体系，可以更好地为未登记房地产管理提供支撑。

综上所述，尽管本书对未登记房地产的现状研究和价值评估工作存在一定的局限性，但相信通过不断改进和发展，未登记房地产这一相对陌生的领域将逐渐明晰，有助于拓展未登记房地产现状特征研究的视野和价值评估应用的思路，为政府管理决策、经济社会发展提供支持。

参 考 文 献

[1] 马俊驹，王彦．解决小产权房问题的理论突破和法律路径：结合集体经营性建设用地平等入市进行研究 [J] 法学评论，2014，32（2）：8.

[2] 陆钦网，黄东海，赵荣军．不动产登记中居住区公共配套设施产权归属研究 [J]. 国土资源导刊，2021，18（2）：4.

[3] 陈凡羽．小产权房合法化之路径探索 [D]. 北京：华北电力大学，2017.

[4] 王卫城．深圳“违法建筑”的产权分析 [J]. 特区经济，2010（3）：30-32.

[5] 陈子轩，何丹．北京市住宅价格空间分异特征及影响因素分析 [J]. 地理信息世界，2022，29（2）：74-78，82.

[6] 李淑颖，郭坤．谈房地产评估收益法 [J]. 合作经济与科技，2008（11）：3.

[7] 苏蕾蕾．房地产估价中成本法的改进研究［D］．武汉：武汉理工大学，2014.

[8] 耿继进，李妍．房地产整体估价与实证分析 [J]. 武汉大学学报（工学版），2012，45（3）：350-355.

[9] 姜红丹，汪友结，项前，等．房地产整体估价数据库规范研究与建设：以深圳市为例 [C]// 中国房地产估价师与房地产经纪人学会．估价无处不在：让估价服务经济社会生活的方方面面：2017 中国房地产估价年会论文集．北京：中国城市出版社，2017.

[10] 章芳林．未登记私房比价关系建设探索与实践：以深圳市住宅类未登记私房为例 [J]. 住宅与房地产，2015（14）：54-59.

[11] 周亮，耿继进，黄建新．深圳市未登记私房批量评估体系探索 [J]. 中国房地产业，2015（9）：220，242.

[12] 隗晶月，艾利刚，梁文辉．浅议深圳农村城市化历史遗留违法建筑现状价值评估 [C]// 中国房地产估价师与房地产经纪人学会．估价无处不在：让估价服务经济社会生活的方方面面：2017 中国房地产估价年会论文集．北京：中国城市出版社，2017.

[13] 樊丽霞．“小产权房”合法化的路径分析 [J]. 经贸实践，2017（4）：91.

[14] 何德锐．中国军产房法律问题研究 [D]. 长沙：湖南师范大学，2014.

[15] 谈威．我国当前变相“福利分房”现象及其影响分析 [J]. 今日中国论坛，2013（9）：23-24.

[16] 石光只．我国城镇保障性住房适度规模研究 [D]. 太原：太原科技大学，2015.

[17] 熊颖．农村集体不动产统一登记管理存在的问题及对策研究 [D]. 湘潭：湘潭大学，2021.

[18] 蒋敏．不动产统一登记制度的实施困境与对策研究 [D]. 绵阳：西南科技大学，2021.

[19] 王炜昱．基于大数据的地理信息系统在我国房地产评估中的应用潜力 [J]. 中国资产评估，2020（10）：51-56.